Inhalt

Christian Günther

Reise ins Nimmerland

Er war ein wundervoller Junge, gekleidet in den Skeletten von Blättern und den Säften, die aus den Bäumen sickern, aber das bezauberndste an ihm war, dass er immer noch seine ersten Zähne hatte.[2]
Peter Pan, der Inbegriff des „Nichterwachsenen", dessen durchaus gefährliche Abenteuer und Eskapaden gerne mit einem Augenzwinkern als Feengeschichte oder Kindermärchen abgetan werden, hat es geschafft, über die Literaturgeschichte hinaus Synonym für einen Geisteszustand geworden zu sein, der unsere heutige Gesellschaft beherrscht. Die Infantilisierung sämtlicher Lebensbereiche von der Spaßpädagogik der Spätachtundsechziger über die Optimierung von *„Blödmaschinen"*[2] bis hin zur ins Groteske übersteigerten „For Ever Young"-Kultur mit all ihren Nebenwirkungen wie der boomenden plastischen Chirurgie und dem in der Mittagspause verabreichten Nervengift Botox, erzeugt eine Geisteshaltung, in der Verantwortung, Ernsthaftigkeit, Disziplin, Authentizität und Wahrhaftigkeit verbotenes Terrain sind. Wer mit Verweigerung von Verantwortung, dem Negieren von Realität, dem egomanischen Ausleben von Phantasien und mit dem Vortäuschen von Kompetenz erfolgreich sein kann, will nichts anderes mehr unternehmen müssen, um erfolgreich zu sein. Das faltenfreie kindliche Gemüt und dessen Aufrechterhaltung um jeden Preis ist in den letzten fünfunddreißig Jahren

[1] *James M. Barrie „Peter Pan"*

[2] *vgl. Markus Metz, Georg Seeßlen: „Blödmaschinen – Die Fabrikation der Stupidität" (Suhrkamp 2001)*

offensichtlich zur wichtigsten Errungenschaft der so genannten modernen Gesellschaft geworden. Alles was an Erwachsensein diesem Credo entgegensteht, wurde und wird sukzessive ausgemerzt.

Die Nivellierung der Bildungsstandards nach unten, die darauf folgende ordnungspolitische Regulierungswut der Regierenden bei gleichzeitiger Aushebelung gesetzlich gültiger Bestimmungen unter dem Vorwand einer vermeintlich „höheren Verantwortungsethik“[3], schaffte und schafft ein Klima kindlicher und kindischer Verhaltensweisen. Kindlich, weil unbelastet von Erfahrungswerten mit der Direktheit und Kompromisslosigkeit spielender Kinder auf höchster Ebene agiert wird, und kindisch, weil wenn etwas schief geht, immer andere schuld sind. *Homo ludens* und *Homo faber*, der „spielende“ und der „schaffende“ Mensch, begeben sich in immer gravierendere Opposition. Was die einen mühevoll erarbeiten, wird von den anderen leichtfertig verspielt. „Das Geld anderer für anderes ausgeben“ ist zur Maxime politischen Handelns geworden und wird ungeniert für rechtens erklärt. Analog zum Kinderauszählreim „*Ich und du, Müllers Kuh, Müllers Esel, der bis du*“ werden zuwider Argumentierende aussortiert und kurzer Hand in der Öffentlichkeit als asozial oder gar rechtsextrem diffamiert. Von der Diskussion um bedingungslose Grundeinkommen, Wertschöpfungsabgabe („Maschinensteuer“) über die „Umverteilung“ von Flüchtlingen aus muslimischen Ländern auf völlig andersgeartete europäische Kulturen bis hin zur Etablierung von „Gender Studies“[4] (Geschlechterforschung) zu Lasten produktiver Wissenschaftszweige zieht sich ein roter Faden infantiler Vorgehensweisen.

[3] *Zeitungskommentatoren hinterlegen den von der deutschen Bundeskanzlerin Angela Merkel in Bezug auf die Flüchtlingskrise geäußerten Satz „Wir schaffen das“ u.a. mit einer „protestantisch-verantwortungsethischen Komponente“ (Die Welt vom 25.12.2015, Robin Alexander: „Merkel steht vor einer historisch paradoxen Situation“)*

Entschieden wird nicht an Hand von Daten und Fakten, sondern auf Grundlage ideologischer Ausrichtungen und zugunsten der Bedürfnisse der damit entsprechend verbundenen Klientel. Mit der Forderung nach dem bedingungslosen Grundeinkommen wird gleichzeitig die Frage der sozialen Kompetenz als Maß aller Menschlichkeit interpretiert, das Hinterfragen der Finanzierbarkeit und sozialen Auswirkungen (Einwanderung in den Sozialstaat) eines solchen Grundeinkommens wird indes als gestrig und nicht zukunftsorientiert verurteilt.

Der Weg, den die infantile Gesellschaft dermaßen gerüstet beschreitet, ist auch dementsprechend unbestimmt und vage, genau wie die große Reise Peter Pans und seiner Wendy. *„So näherten sie sich, abgesehen von vereinzelten Streitereien, im Großen und Ganzen recht ausgelassen dem Nimmerland. Nach vielen Monden erreichten sie es endlich und das obwohl sie mehr oder weniger die ganze Zeit geradeaus geflogen waren. Sie verdankten es weniger Peters oder Tinks Führung als vielmehr der Insel, die nach ihnen suchte – denn nur dann wird man die magischen Küsten zu sehen bekommen.“*[5] Die magischen Küsten des Nimmerlandes sind allerdings ein trügerisches

[4] *„Die meisten Leute, die nicht im Universitätsbetrieb stecken, können sich unter den Wörtern „Gender“, „Gender Mainstreaming“ und „Gender Studies“ nicht viel vorstellen. Letzteres ist wahrscheinlich der am schnellsten wachsende Wissenschaftszweig in Deutschland. 2011 gab es 173 Genderprofessuren an deutschen Unis und Fachhochschulen, die fast ausschließlich mit Frauen besetzt werden. Die Förderung dieses Faches gehört zu den erklärten bildungspolitischen Zielen der Bundesregierung, SPD und Grüne sind auch dafür. Die Slawisten zum Beispiel, mit etwa 100 Professoren, sind von den Genderstudies bereits locker überholt worden. Die Paläontologie, die für die Klimaforschung und die Erdölindustrie recht nützlich ist, hat seit 1997 bei uns 21 Lehrstühle verloren. In der gleichen Zeit wurden 30 neue Genderprofessuren eingerichtet.“ (Aus: Zeit-Online- 06. Juni 2013-Harald Martenstein: „Schlecht, schlechter, Geschlecht“)*

[5] *James M. Barrie „Peter Pan“*

Bild, denn auf der Insel Nimmerland herrschen raue Sitten, Piraten jagen Kinder, Indianer jagen Piraten und wilde Tiere jagen Indianer. Tatsächlich herrscht Anarchie im Nimmerland, eine wie immer geartete Ordnung existiert nicht, jeder kämpft gegen jeden, de facto geht es ums pure Überleben. Die infantilen Heilsversprechungen der Regierenden vom sorgenfreien Sozialstaat „Nimmerland“ steuern in diese Richtung. Gespeist aus gierigem Drang zum Machterhalt, liegt das Heil dieser Versprechungen freilich nur im Moment des Vortrags, um vom so geblendeten Wähler die Berechtigung für Stimme, Sitz und reichliche Apanage zu erpressen. Das gepriesene Nimmerland ist dann alles andere als ein Paradies, nämlich grausam und groß, wo nur die Wirklichkeit herrscht, die außer Besitz und Macht nichts gelten lässt. Konsequenterweise wird daher die Herrschaft des Infantilen dann auch eine Schreckensherrschaft sein. Ein Terrorregime, das in der Abhaltung öffentlicher Massenveranstaltungen („Events“), mit dem herbeigeschriebenen Hype um die Role Models des verordneten Mainstreams und reichlich Subvention seine Legitimation finden will. Was freilich nur so lange funktionieren wird, so lange Geld von den Leistungswilligen zu den Leistungsunwilligen/-unfähigen transferiert werden kann. Reißt dieser Geldstrom aus welchen Gründen auch immer ab, dann stürzt das Regime ins Bodenlose. Die Protagonisten des Infantilismus werden daher alles unternehmen, um diesen Geldstrom aufrecht zu erhalten. Und wie wir aus der Geschichte wissen, steht für die Wahl der Mittel eine breite Palette zur Verfügung.

Birgit Kelle
Betreut statt regiert

Im Frühjahr 2016 überraschte die Meldung in den Medien, Ausmalbücher für Erwachsene lägen voll im Trend. Weltweit gibt es tatsächlich Millionen-Bestseller, die deutschen Buntstift-Hersteller meldeten Lieferengpässe, denn große Kinder, die Bücher ausmalen, schienen neuerdings ganz verzückt angesichts von Mandala-Vorlagen, ausmalbaren Zauberwäldern oder auch Phantasiemustern. Buntstifte sind das neue Yoga in einer komplizierten, schnellen Welt, in der sich Erwachsene offenbar nach Einfachheit, Struktur und Schablonen sehnen. Kinder an die Macht, sang einst Herbert Grönemeyer seinen Erfolgshit, fast scheint es so, als wollten die Kinder aus besten Grönemeyer-Zeiten heute nicht mehr erwachsen werden. Auch damit sind sie voll im Trend. Während wir Kinder neuerdings wie kleine Erwachsene behandeln, benehmen sich Erwachsene stattdessen wie Kinder. Und es stört nicht einmal jemanden, es ist stattdessen hip. Mütter tragen die Klamotten ihrer Teenager-Töchter, flechten sich Zöpfchen und melden Instagram-Profile an. Männer hingegen verweilen immer länger im „Hotel Mama", scheuen zunehmend Verantwortung für eine eigene Familie oder gar Kinder und bleiben lieber länger große Jungs. Sie wollen ja letztendlich auch nur spielen, und außerdem macht Mutti schließlich so schön die Wäsche, und bei ihr schmeckt es auch am besten.

Verlängerte Kindheit hat den Vorteil, dass sie bequem ist. Bevormundung hat den Vorteil, dass man nie Schuld trägt. Freiheit ist hingegen eine anstrengende Angelegenheit. Sie erfordert Entscheidungen. Ständig, immer wieder neu. Sie macht Irrtümer möglich und auch ein fatales Scheitern. Wer zwischen Optionen wählen kann – und diese werden in zahlreichen Lebensbereichen immer mehr – muss eine Wahl treffen und dann die Konsequenzen ausbaden. Gleichzeitig kann er die Schuld dessen, was er auslöst, was er nicht erreicht hat, die Schuld an allem, was schief geht, nicht mehr auf andere schieben. Er hat es ja selbst so gewollt. Wie angenehm und einfach ist es doch, wenn jemand einem die gute Entscheidung abnimmt, nicht wahr? Wenn man einfach auf die „Anderen" schimpfen kann, auf „die da oben" oder „die Politiker", „die Parteien" etc. Wie praktisch, wenn der Schuldige schon parat steht. Noch einfacher wird es, wenn die Frage, was denn gut für uns ist, nicht mehr mühsam und individuell, oder gar immer mal wieder neu reflektiert werden muss, sondern auch diese Antwort von der Gesellschaft und der Politik gleich mitgeliefert wird. Am besten in einer Gruppensitzung oder einem therapeutischen Stuhlkreis.

„Das Wir entscheidet", mit diesem Wahlkampfslogan startete die SPD im Jahr 2013 in den deutschen Bundestagswahlkampf, und ja, es hörte sich spontan so sympathisch an. Wollen wir nicht alle immer zusammenstehen, Solidarität zeigen und gemeinsam in den sozialistischen Sonnenuntergang marschieren? Neuerdings schaffen „Wir" das auch alles in Deutschland. Keiner weiß genau, was das sein wird, was wir da schaffen und was es uns abverlangt oder gar kosten wird oder wer „Wir" überhaupt sind, aber hört es sich nicht großartig an, dieses „Wir"? Ein „Wir" schafft Identifikation und Zugehörigkeit. Zumindest theoretisch, und wenn man schlau genug ist, mit der „richtigen" Gesinnung zum „richtigen" Wir zu gehören. Denn wenn das „Wir" entscheidet, dann ist für das „Ich" kein Platz mehr. Das „Wir" weiß dann alles besser und definiert das Gute und Richtige.

Um der Bevölkerung die Vorteile eines kollektiven „Wir" schmackhaft zu machen, braucht es im Sozialstaat nicht viel. Der bevormundende Nanny-Staat ist für viele seiner willigen Kinder keine Bedrohung mehr, sondern gern gesehener Service-Dienstleister zur Erfüllung von Ansprüchen. In Zeiten, in denen immer mehr Menschen direkt und indirekt für den Staatsapparat arbeiten und immer mehr Menschen finanziell durch Sozialleistungen vom Staat abhängig sind, wird der Boden bereitet für eine Denkweise, die die allgegenwärtige Zuständigkeit des Staates bis hin in die privatesten Angelegenheiten nicht mehr als rechtswidrigen Eingriff in das Privatleben betrachtet. Auch nicht als Einschränkung der Freiheit, sondern vielmehr als willkommene Anspruchshaltung gegen den Staat. So wie ein Kind die Autorität der Eltern akzeptiert, solange das neue iPhone und täglich drei Mahlzeiten inklusive sind – die Eltern werden schon wissen, was sie tun, schließlich sind sie diejenigen, die für mich sorgen und sich um mich kümmern – so wird das allgegenwärtige Kümmern des Staates als Ausdruck sozialer Hingabe dankbar angenommen. Verstärkt wird dieser Trend durch das Auseinanderbrechen von Familienverbänden, die früher in der Not das Individuum immer aufgefangen haben. Mit zunehmender Individualisierung vor allem im urbanen Bereich, geht der sichere Hafen der Großfamilie verloren, das Vakuum wird mit staatlicher Fürsorge gefüllt. Wir ziehen gerade eine Kinder-Generation groß, für die die Sorge durch Fremde bald größere Normalität besitzt als die Sorge durch ihre eigenen, biologischen Eltern. Die ältere Generation, die mit wachsender Zahl den Trend der sozialen Vereinsamung bereits in Altersheimen von innen begutachten kann, hat nicht mehr die Kraft, sich dagegen zu wehren. Und die Kinder von morgen werden gar nicht mehr wissen, dass es früher auch einmal möglich war, ohne den Staat groß zu werden. Wie praktisch.

Da wird auf den Staat vertraut, jedenfalls solange er uns hegt und pflegt. Es ist sicher kein Zufall, dass der Glaube an und der Ruf nach dem (Sozial-)Staat in Deutschland in den neuen Bundesländern besonders weit verbreitet ist. Zu kurz scheint dort noch die Erfahrung mit der Freiheit zu sein, als dass sie flächendeckend als Errungenschaft betrachtet wird. Wer in der DDR groß wurde, war Kind im Sozialismus. Man musste nicht denken und man sollte es auch nicht. Man bekam den Job zugeteilt und die Zwei-Raum-Wohnung zum neuen Eheglück. Es gab keine Arbeitslosigkeit, aber auch nichts zu kaufen, das aber für alle einheitlich. Der Staat plante die Bedürfnisse seiner Bevölkerung und steuerte sie durch richtige Erziehung der Kinder im Kollektiv von Kindesbeinen an in die richtige Richtung. Und so ist bis heute der Trend zu beobachten, dass die Fremdbetreuung von Kindern in den neuen Bundesländern der Bundesrepublik mit großer Selbstverständlichkeit angenommen und auch eingefordert wird. Während im alten Bundesgebiet in manchen Landstrichen kaum zehn Prozent der Kinder unter drei Jahren bereits den Tag in einer staatlichen Krippe verbringen, sind es im alten DDR-Staatsgebiet teilweise 80 bis 90 Prozent aller Kinder, die im Durchschnitt acht Stunden täglich unter staatlicher Aufsicht verbringen. Exot ist dort heute die Familie, die ihre Kinder noch selbst betreut.

Die deutsche Einheit, die Wende hin zur Freiheit, hat nicht allen Bewohnern der ehemaligen DDR die von Kohl versprochenen „blühenden Landschaften" gebracht. Nicht wenige verloren ihre Arbeitsplätze, ihr Zuhause und die Sicherheit, dass der Staat es schon immer richten werde, so wie man es von früher gewohnt war. Selten zeigte sich so deutlich mitten im Europa des 20. Jahrhunderts, dass Freiheit, Demokratie und Eigenverantwortung Errungenschaften sind, die kultiviert werden müssen, damit sie als Bereicherung und nicht als Bedrohung betrachtet werden. Für diejenigen, die schon zu DDR-Zeiten den Bevormundungsstaat als ein ständiges Ärgernis betrachteten, stellt die Politik heute hingegen einiges an Déjà-vus bereit und die Erkenntnis, dass staatliche Allmachts-Phantasien viele Namen haben können zwischen Kommunismus und moderner Familienpolitik.

Und so werden wir nahezu schleichend nicht mehr regiert, wir werden betreut – und zwar vom Kreißsaal bis zur Bahre. Der Staat erstickt uns mit seiner Fürsorglichkeit und behandelt uns gleichzeitig wie unmündige Kinder. Natürlich immer nur zu unserem Besten. Wir schlittern in eine Gesellschaft, die sich im Kollektiv auflöst. „Das Wir entscheidet", und das ist keine Verheißung, das ist eine neue Bedrohung.

Das erstaunlichste an dieser Entwicklung ist gar nicht, wie widerstandslos sich die Bevölkerung ihrer eigenen Entmündigung ergibt, sondern mit welcher Selbstverständlichkeit inzwischen eine Politikerklasse am Werke ist, die diese Entmündigung gar für legitim und geboten hält. Besonders apart ist dies bei der Partei der Grünen zu beobachten. Einst entstanden als Bürgerbegehren gegen die Autorität des Staates, sind sie heute zur größten autoritären, staatsgläubigen Kraft herangewachsen und inzwischen als „Verbotspartei" verspottet. Dabei reicht es ihnen nicht, den Menschen Genussmittel wie das Rauchen zu verbieten, Autofahren, Flugreisen, zu große Portionen auf dem Restaurant-Teller, Cola oder Süßigkeiten für Kinder – alles steht aus grüner Weltsicht auf dem Index.

In Deutschland war es vermutlich der Vorschlag des „Veggie-Days", der das Fass bei der Bevölkerung dann doch zum Überlaufen und die Grünen zum Zurückrudern brachte. In einem kurzen Anfall von Wahnsinn hatten sich die Grünen der Idee hingegeben, einen verpflichtenden vegetarischen Tag in Kantinen im gesamten Bundesgebiet einführen zu wollen, um die Bevölkerung zumindest an einem Tag der Woche zu gesundem, fleischlosem Essen zu zwingen. Längst reicht es ihnen nicht mehr, klimaneutrales Verhalten einzufordern und an die Einsicht der Bevölkerung zu appellieren, inzwischen glaubt man sich im Recht, wenn man das Volk zu seinem Besten notfalls zwingt. Deutschland ist so betrachtet ein großartiges Land, solange man seine Steuern zahlt, den Müll in die fünf verschiedenen Tonnen trennt, nicht raucht und auf keinen Fall versucht, einen Baum zu fällen, ohne vorher eine amtliche Genehmigung einzuholen, selbst dann, wenn dieser Baum auf dem eigenen Grundstück steht. Gerade diskutieren die Grünen in Deutschland allen Ernstes ein Gesetz, das Fleisch künstlich verteuern soll durch einen Mindestpreis, damit sich die Bürger täglichen Fleischgenuss nicht mehr leisten können und so faktisch endlich klimaneutral und vegan agieren. Tabaksteuer hoch, damit wir nicht rauchen. Benzinsteuer hoch, damit wir nicht Autofahren. Fleisch verteuern, vegetarisch gesetzlich verordnen. Renitente werden sozial geächtet, und jetzt müssen nur noch die Kinder auf Spur gebracht werden zur Schaffung einer neuen Gesellschaft, auch wenn die Eltern vereinzelt noch Widerstand zeigen.

Und auch genau hier zeigt sich der gesellschaftliche Wechsel gerade bei den Grünen am besten, die einst antraten, um Kinder aus der Autorität der Eltern zu befreien, jetzt aber in einem gemeinsamen Chor singen mit allen anderen Parteien, die Kinder am liebsten aus dem Kreißsaal direkt in die nächste staatliche Krippe schleppen wollen. Als die Linken, Alternativen mit ihrer 68er Bewegung einst starteten, waren die sogenannten „Kinderläden“ Teil des politischen Plans. Kinder sollten frei von Regeln spielen dürfen, ohne Anleitung, schon gar nicht durch Erwachsene. Jede Form von elterlicher oder gar staatlicher Autorität war verpönt, galt doch das Mantra, dass durch diesen Autoritätsglauben und „Muff“ der Elterngeneration die Gräueltaten des Nationalsozialismus erst möglich geworden waren. Heute marschieren die Grünen an vorderster Front, wenn es darum geht, zu argumentieren, wieso Kinder so früh wie möglich in die Obhut des Staates gelangen sollen.

Als in Deutschland die Debatte zu dem sogenannten „Betreuungsgeld“ die Gemüter erhitzte, 150 Euro, die monatlich denjenigen Eltern gezahlt werden sollte, die keinen staatlichen Krippenplatz in Anspruch nehmen, sondern stattdessen ihre Kinder noch selbst erziehen, entblödeten sich die Grünen nicht, eine Plakatkampagne zum Thema zu lancieren. Darauf zu sehen, dass die Kinder zu Haus vor Flachbildschirmen dahinvegetieren, während die Kinder in der Kita fröhlich spielten. Was wollte man so auch bildlich darstellen: Eltern können es nicht, sie lassen ihre Kinder intellektuell verwahrlosen. Die SPD nannte das „Betreuungsgeld“ adäquat eine „Fernhalteprämie“, weil es Kinder angeblich von wertvoller Bildung in der Krippe fernhält, wenn sie bei ihren Eltern verweilen. Willkommen im Wir, das besser weiß, was für die Kinder des Staates gut ist.

Und deswegen schreitet die Bevormundung des Staates am schnellsten und gefährlichsten im Bereich der Familienpolitik voran. Auch hier ist selbstverständlich niemals von Bevormundung die Rede, man will nur unser Bestes. Die Frau zum Beispiel wird nach dieser Logik emanzipiert und befreit. Sie muss sich nicht mehr um ihre eigenen Kinder kümmern, sie „darf“ sich stattdessen endlich auf dem Arbeitsmarkt aufreiben. Die Partnerschaften von Mann und Frau werden nicht mehr der individuellen Lebensgestaltung überlassen, wo kommen wir schließlich hin, wenn jedes Paar alleine entscheidet, wer die Kinder großzieht und wer das Geld verdient, stattdessen definiert das Familienministerium Partnerschaften einfach mal neu. „Partnerschaftlich" ist also laut Regierungsdefinition eine Ehe erst dann, wenn jeder gleich viel von allem tut. Mann und Frau sich Haushalt, Kinder und Erwerbsleben 50:50 teilen. Die meisten Ehen müssten nach diesem Modell von Staats wegen zwangsweise aufgelöst werden, weil einfach nicht geschlechtssensibel genug. Dafür fehlt aber Familienministerin Schwesig noch die Rechtsgrundlage, einfacher ist es da, die staatliche Gesetzgebung so zu lenken, dass es den Menschen „vernünftig" erscheint, sich staatskonform zu verhalten. Im Familienrecht hat man dies seit langem eingeläutet. Zum Beispiel mit dem Unterhaltsrecht für geschiedene Frauen. Seit 2010 stehen die verlassenen Frauen in Deutschland quasi auf der Straße, wenn sie nicht rechtzeitig vor der Trennung ihren Beruf wieder aufgenommen haben, um im Zweifel alleine für sich zu sorgen. Wer nicht durchgehend berufstätig ist, dem droht als Frau auch die Altersarmut, weil der Staat gar nicht daran denkt, das Großziehen der Kinder zu Rentenzahlern zu honorieren. Also ist es vernünftig, entweder gar keine Kinder zu bekommen oder sie möglichst schnell aus dem Weg zu räumen in die Kita, damit sie den Erwerbslebenslauf nicht allzu sehr gefährden.

Das Private ist schließlich immer politisch, und der Staat kann doch nicht tatenlos zusehen, wenn sich Bürger einem gleichberechtigten Fortschritt verweigern. Und so werden Frauen derzeit auf den Arbeitsmarkt befreit, notfalls auch gegen ihren Willen. Denn nicht nur die Brüder, sondern auch die Schwestern sollen endlich zur Sonne.

Die Kinder wiederum haben es besser, diese bekommen dank staatlicher Frühbildung die Chance, die Fehler ihrer Eltern zu vermeiden. Vertreten durch wechselnde Familienministerinnen, die jedoch seit geraumer Zeit nur noch Namen, nicht aber die Programmatik wechseln, schreitet die Entmachtung der Familie voran und die Verantwortung für die Kindererziehung geht schleichend auf den Staat über. „Die Lufthoheit über den Kinderbetten" nannte es vor Jahren der SPD-Politiker Olaf Scholz, inzwischen regierender Bürgermeister von Hamburg mit Ambitionen auf mehr. Sie gehört uns, sagte er damals, diese Lufthoheit, also die Verfügungsgewalt über die Kinder. Mit uns meinte er den Staat, das Kollektiv, im Gegensatz zu den Eltern. „Uns" – es ist genauso gefährlich wie das „Wir".

Männer und Frauen sollen zunächst gemeinsam unter das Joch der Arbeit gezwungen, um dann kollektiv davon befreit zu werden. Ein Revival sozialistischer Sozial-Romantik, in Wahrheit ist es jedoch staatliche Lenkung und die Übernahme des privaten, familiären Bereiches durch den Staat. Fatal ist nun, dass selbst im bürgerlichen Lager der Parteien, dieser Kurs nicht etwa bekämpft, sondern gar mitgetragen wird. Da will man modern sein und mit der Zeit gehen. Da will man die Frauen auch mitbefreien. Es muss im bürgerlichen Lager doch sehr tief ein Stachel sitzen, dass man die Emanzipation der Frau so sehr verschlafen hat, aber jetzt wenigstens will man Teil des großen modernen Familienhappenings sein.

Nur, wenn nicht einmal mehr im bürgerlichen Lager der demokratischen Parteien die Freiheit und Privatheit eines Elternhauses etwas zählt – wo denn dann noch? Und so wird ganz unbemerkt und geschichtsvergessen mit der Familie auch eine lange freiheitliche Tradition zugrunde gerichtet. Wenn nämlich alles politisch ist, was ist dann noch privat? Klammheimlich hat das linke Establishment den Begriff der Freiheit im öffentlichen Diskurs in eine neue Definition gedrängt. Galt Freiheit früher als Grenzlinie zwischen Staat und Bürger, ist heute den meisten Bürgern gar nicht mehr klar, dass es gut sein sollte, überhaupt eine Grenze zwischen sich und dem Staat zu ziehen. Heute werden wir nicht vom Staat und seinen Allmachts-Phantasien befreit, sondern von unseren Kindern und unserem Privatleben, um endlich frei für den Arbeitsmarkt zu sein.

Dass das Privatleben einst der Wirtschaft und dem Staat abgerungen werden musste, ist in Vergessenheit geraten. Wer verteidigt denn heute noch die Freiheit der Familien, die Freiheit des Bürgers und des Individuums in unserem Land? Die Bürgerlichen haben wir abgehakt. Dann also die Liberalen? Die FDP hält die Fahne der Freiheit in Wirtschaftsfragen zwar hoch in den Wind, in Sachen bürgerlicher Freiheit kommt man aber über das Steuerrecht nicht hinaus. Kinder in Krippen, damit die Wirtschaft und der Bürger frei über seine Arbeitskraft verfügen kann, ist auch bei den Liberalen ein unumstößliches Mantra. Wie viele frei denkende Demokraten werden wir aber auf absehbare Zeit noch haben in unserem Land, wenn erst einmal alle von der Wiege bis zur Bahre unter staatlicher Aufsicht stehen? Freiheit ist nämlich nicht nur Freiheit der Wirtschaftswege und Abschaffung der Praxisgebühr beim Arzt, sondern in allererster Linie die Freiheit des Einzelnen. Weil wir in Deutschland nicht das Kollektiv schützen und den Markt, sondern erst einmal uns selbst. Sie und mich und all die anderen. Und zwar jeden einzeln.

Die großen Fragen werden gar nicht mehr diskutiert. Die Frage, wie weit der Staat in das private Leben der Bürger einschreiten darf. Wie weit es nötig erscheint und ab wann es schadet und auch warum? Fast möchte man den Parlamenten noch einmal einen Grundkurs in Sachen Subsidiaritätsprinzip verordnen und den müden Bürgern gleich mit. Wo bleibt die Kavallerie der Liberalen und schreit: „Bis hierher und nicht weiter!"? Stattdessen marschiert man in Sachen Familienentmachtung auch noch an vorderster Front.

Wohin es führt und was damit bezweckt wird, wenn der Staat die Erziehung von Kindern möglichst frühzeitig übernimmt, darf man sich als Anschauungsunterricht in den Geschichtsbüchern und in manchen noch existierenden Ländern doch gern ansehen. Es ist ja kein Geheimnis. Es waren immer die totalitären Regime, die sich der Kindheit ihrer Bürger bemächtigt haben. Wer die Gesellschaft neu formen will, muss früh anfangen, mit der Formung des neuen Menschen, das war bei den Kommunisten so, bei den Nationalsozialisten, und ist es heute bei den Genderisten nicht anders. Ideologien arbeiten mit Schema. Und ja, auch die Herren Nazis waren Feinde der Familie. Zwar geistert bei manchen Zeitgenossen heute immer noch die Vorstellung umher, damals hätte man die bürgerliche Familie als Ideal hochgehalten, analog seien die konservativen Verteidiger der Familie heute auch irgendwie „rechts". Tatsächlich war es zutiefst menschenverachtend, Mütter Kanonenfutter gebären zu lassen, um ihren Nachwuchs so schnell wie möglich in diversen Jungen- und Mädel-Bünden als Denunzianten im Zweifel auch ihrer eigenen Eltern großzuziehen. Frei denkende Menschen im Schutzraum Familie stellen für ein Machtsystem mit Totalitätsanspruch ein unkalkulierbares Risiko dar. Weil Kinder schwach sind, weil Kinder leicht beeinflussbar und formbar sind. Weil man sie sogar vom Einfluss ihrer eigenen Eltern entfremden kann, wenn man sie rechtzeitig in seine Fänge bekommt. Warum haben sämtliche kommunistischen, sozialistischen und genau genommen alle -istischen Staaten genau dieses Konzept verfolgt? Die Antwort ist einfach: Weil es funktioniert.

Wir treiben jetzt also alle Kinder zusammen in Krippen, in Kitas, in Ganztagsschulen, wir bilden nach DIN-Norm und fördern nach Schablonen und Leistungskurven. Derweil wird das Elternvolk mit Erwerbstätigkeit beschäftigt und ermüdet, dann haben sie nicht die

Kraft, das tägliche Hamsterrad zu hinterfragen. „Um ein tadelloses Mitglied einer Schafherde sein zu können, muss man vor allem ein Schaf sein", hat es Albert Einstein einst treffend formuliert. Zwar redet die Politik von Freiheit, von Bildung von Fortschritt und davon, dass sie die „individuelle Förderung" jedes einzelnen Kindes in ihren Kollektiven bewirken wird. Sie redet von potentiellen „Leitwölfen" in unserer Gesellschaft, in der Wirtschaft, in der Politik – dennoch zwingen sie alle erst einmal in eine Herde von Schafen, wo sie am besten funktionieren, wenn sie sich konform in die Gruppe eingliedern. Wie viele Einsteins werden wir aus diesen Herden wohl zukünftig noch generieren? Wie viele Widerständler? Wir brauchen keine Gesellschaft, in der alle gleich gut sind, das Gleiche wollen, das Gleiche denken und das Gleiche anstreben. Wir brauchen die Freigeister, die Gegen-den-Strom-Schwimmer, die schwarzen Schafe, die Individualisten, die Träumer, die Visionäre, die Widerständler und auch ein paar Wahnsinnige im besten Sinne. Das Private ist nicht politisch, es ist verdammt noch mal privat.

Denn unser Grundgesetz schützt den Einzelnen und das aus gutem Grund. Es schützt Sie und mich und unsere Kinder und zwar jeden einzeln. Weil wir nicht nur als Teil einer Gruppe wertvoll sind, sondern jeder einzelne Mensch, von Anfang an, ohne Gegenleistung , ohne Bringschuld. Und deswegen ist die Verteidigung der Familie gegen den Staat keine Frage von konservativen Werten, sondern eine Frage der Freiheit. Es ist zutiefst liberal, dafür zu kämpfen, dass jede Frau, jeder Mann und jede Familie ihren eigenen Weg finden darf. Das ist Wahlfreiheit. Und nicht das Auflösen von Strukturen, um uns dann in neue Rollen zu drängen. Wir können selbst entscheiden, was das Beste für uns ist, wir brauchen nicht ständig die Politik und einen Nanny-Staat, der uns erklärt, wie wir zu besseren Menschen werden, was wir noch denken oder gar sagen dürfen. Oder wie die Bionade-Fraktion der Grünen, die uns jetzt auch noch erklären will, was wir noch wann essen dürfen.

Wir leben im Herzen Europas in freiheitlichen Demokratien. Das müssen wir verteidigen. Und zu Beginn steht, dass wir wieder neu auf unser Recht auf freie Meinungsäußerung pochen müssen. Wir dürfen nicht zulassen, dass unsere Länder bald nur noch von lauten Minderheiten regiert werden, die alle niederbrüllen, die aus dem politisch korrekten Weg ausbrechen. So eine Demokratie ist anstrengend. Wir müssen jeden Tag aufs Neue um Mehrheiten werben, um Meinung kämpfen. Aber Toleranz bedeutet nicht, dass ich vor lauter Entgegenkommen, meine Meinung aufgebe. Toleranz anderen Meinungen gegenüber bedeutet in erster Linie, dass man erst einmal einen eigenen Standpunkt hat und diesen auch verteidigt. Verteidigen darf. Toleranz bedeutet, auszuhalten, dass man sich nicht einig wird und dennoch den anderen respektiert. Wir müssen nicht betreut werden, wir sind keine Kinder. Wir sind Bürger, die eine Regierung gewählt haben. Das müssen wir den Regierungen in Erinnerung rufen, aber noch viel wichtiger: Auch unseren Kindern.

René Zeyer

Die Kinder der Aufklärung

Das bedeutendste Vermächtnis der europäischen Geschichte ist zweifellos die Aufklärung. Der Ersatz von Metaphysik, religiösen Satzungen, Denkverboten und von den jeweils Herrschenden gesetzten Normen durch den möglichst herrschaftsfreien Diskurs. Der Gedanke, dass eine Theorie nur dann richtig ist, wenn sie die Überprüfung durch die Realität übersteht – also falsch oder richtig wichtiger ist als gut oder böse, erlaubt oder verboten – , war aller Fortschritte Anfang.

Zurzeit ist ein Rückfall in voraufklärerische Zeiten zu konstatieren. Seine Ursachen sind multifaktoriell, aber überblickbar:

- Instant-Reality (jetzt passiert, jetzt berichtet und kommentiert) vermindert die Chance, analytisch, einordnend oder reflektiert am öffentlichen Diskurs teilzunehmen. Die Attention Span (Aufmerksamkeitsspanne), also die Fähigkeit, ein durchaus wichtiges Thema zu verfolgen, schrumpft auf ein kindisches Niveau.

- Die durchschnittliche Attention Span eines erwachsenen Mitteleuropäers liegt bei maximal 60 Sekunden; jeder zweite Deutsche im Land der Dichter und Denker ist nicht in der Lage, einen Satz mit Nebensatz nach Lektüre inhaltlich korrekt wiederzugeben, von Fremdwörtern wie «Diskurs», «kognitiv» oder «interkulturelle Migrationsprobleme» ganz zu schweigen.

- Von den Medien wird in schneller Taktung ein Thema nach dem anderen durch die öffentliche Wahrnehmung getrieben. Ukraine, Griechenland, Flüchtlinge, Euro-Krise, Attentate, US-Wahlkampf, Terrorismus: Jedes Thema wird auf wenige Schlagworte reduziert, im Abklingbecken der Talkshows zerredet, bevor es im Orkus des Vergessens verschwindet oder bei Bedarf neu aufgewärmt wird.

- Das interaktive Internet ermöglicht es jedem, an einem zersplitternden öffentlichen Diskurs teilzunehmen. Indem er die gratis angebotene Kommentarfunktion der verbleibenden Massenmedien benützt, einen eigenen Blog ins Netz stellt oder sich selbst verstärkende Gruppen auf den sozialen Plattformen wie Facebook oder Twitter bildet. Damit sinken weite Teile der öffentlichen Auseinandersetzung auf Stammtischniveau.

Ergänzt werden diese Oberflächenphänome durch einen erschreckenden Verlust an Glaubwürdigkeit der politischen Vertreter der Bevölkerung, also der traditionellen Parteien, der Volksvertreter in den Parlamenten und der Regierenden:

- Nur eine ständig kleiner werdende Minderheit von EU-Bürgern fühlt sich in den obersten Entscheidungsgremien der Europäischen Union vertreten, wahr- oder ernstgenommen.

- Längst haben die Staatsbürger den Überblick verloren, welche fundamentalen Entscheidungen in meist nicht demokratisch legitimierten Dunkelkammern der EU, beispielsweise dem Gouverneursrat, der Troika, der «Euro-Gruppe» oder ad hoc gebildeten Krisenrunden getroffen werden.

- Auch auf nationaler Ebene verlieren ehemalige Volksparteien wie vor allem die sozialdemokratische ihre Legitimation, durch die Bindung von mindestens einem Drittel oder wenigstens einem Viertel der Wählerstimmen einen bedeutenden Teil der Stimmbürger zu repräsentieren.

- Stattdessen entstehen neue Parteien wie die AfD in Deutschland, die von den ehemals die politische Landschaft dominierenden Altparteien ignoriert, dann diskriminiert (antidemokratisch, populistisch, rassistisch, rechtsradikal bis faschistoid) und schließlich wahrgenommen, aber ausgegrenzt werden.

Diese Ausgrenzung findet nicht nur in politischen Auseinandersetzungen mit neuen Parteien statt, sondern beherrscht immer mehr den gesamten öffentlichen Diskurs. Damit kommen wir zum Kern des Problems, dessen erschreckende Auswirkungen kaum zu überblicken sind. In der öffentlichen Auseinandersetzungen werden Sprech- und Denkverbote errichtet. Ein neues Justemilieu will in großinquisitorischer Manier nicht länger zwischen richtig oder falsch, sondern zwischen gut und böse unterscheiden. Wer zu «böse» gehört, ist ein Hetzer, Rechtspopulist, Rassist, inhuman und schlecht. Selbst wenn er eine Statistik zitiert, die zwar richtig sein mag, mit der er aber angeblich nur üble und braune Ressentiments schürt. Daher darf er nicht mitdiskutieren, sondern sollte, genau wie die für ihn empfänglichen Dumpfbacken, in der Gesellschaft, die Schnauze halten.

Aus dem Meer an Beispielen dieser Verluderung der guten alten Sitte, dass nur mit Rede und Widerrede Erkenntnis und Fortschritt möglich sind, sei ein einziges Beispiel herausgegriffen. Der Kisch-Preisträger und Autor Harald Martenstein wagte in der Debatte über die Kompatibilität des islamischen Weltbilds mit unserer europäischen Gesellschaft anlässlich der Ereignisse in der Silvesternacht in Köln folgende Analyse: «Eine islamische Sozialisation bringt ein Frauenbild hervor, das nicht selten zu solchen Verbrechen führt.» Kann man angesichts der Tatsache, dass mitten in einer deutschen Großstadt ein rechtsfreier Raum entstand, in dem Hetzjagden auf Hunderte von Frauen stattfanden, durchaus so sehen. Martenstein sei ein «Rassist», donnerte Jakob Augstein, Träger eines großen Namens, in seiner «Spiegel»-Kolumne.

Was die deutschsprachigen Medien, deutsche Politiker und Dummschwätzer vom Schlage eines Augstein nach Köln, und nicht nur dort, aufführen, ist mindestens so gefährlich wie das Entstehen rechtsfreier Räume oder von Parallelgesellschaften mitten in Europa. Augstein ist dabei nur einer der vielen Vertreter des Justemilieu, das jede Beschreibung der Realität ohne Rücksicht auf Empfindlich- und Befindlichkeiten verbieten will. Das die Tradition der Aufklärung, unsere einzige Waffe gegen absurde Weltbilder, die nur aus Wille und Wahn bestehen, durch Denkverbote ersetzen möchte. Augstein ist der typische als Biedermann verkleidete Brandstifter, der nur das Gute will und stets das Falsche schreibt. Er alleine ist schon zum Fürchten. Dass er nur eine Stimme ist im tonangebenden Chor der Sprachpolizei der deutschsprachigen Feuilletonisten und Publizisten, macht Angst.

Politischer Moralismus ermächtigt sich selbst zu allem. So wie es den Inquisitoren auch nur darum ging, Häretiker und Ketzer in die Schranken zu weisen, damit sie die Menschheit nicht vom Weg zum Heil und ins Paradies abbringen, weiß sich auch das heutige Justemilieu mit diesem leicht flackernden Blick des Fanatikers im Besitz der einzigen Wahrheit und im Recht. Seiner Rechthaberei merkt man sogar das leichte Bedauern an, zurzeit nicht über die beeindruckenden Instrumente zu verfügen, mit denen die Inquisitoren verlorene Schäfchen auf den rechten Weg zurückbrachten.

Fügen wir eine weitere Facette in das Kaleidoskop des Grauens ein, den Unterbau. Die EU sieht sich mit gravierenden wirtschaftlichen Problemen konfrontiert. Beginnend bei der Fehlgeburt und Fehlkonstruktion Euro, eine nur aus politischem Willen und ohne jeden Sachverstand eingeführte Kunstwährung ohne Einbettung in eine gemeinsame Fiskal- und Finanzpolitik. Fortgesetzt im Bruch jeglicher bindenden Vereinbarungen, für die drei Namen stehen: Maastricht, Dublin, Schengen. Und ergänzt durch eine verantwortungslose, ja kriminelle Geldpolitik der Europäischen Zentralbank, die mit einer Nullzinspolitik die Schwerkraft in der Finanzwelt aufhebt, wo der Zins normalerweise als Risikoprämie die Allokation von Investitionen regelt. Und das mit einer Politik des «Quantitative Easing» ergänzt, mit der nach dem Prinzip «linke Hosentasche, rechte Hosentasche» monatlich für 80 Milliarden Euro ansonsten absaufende Staatsschuldpapiere und sogar Privatschuldscheine aufgekauft werden. Das führt zu einer Enteignung des Sparers und Einzahlers in staatliche Sozialsysteme, wobei das absehbare Ende dieses geldpolitischen Spiels nur hinausgezögert, aber nicht abgewendet werden kann.

Zu einem perfekten Sturm entwickeln sich all diese Zentrifugalkräfte – der Vertrauensverlust in die politischen Institutionen, die Fragmentierung und Infantilisierung der öffentlichen Meinungsbildung, das Errichten von Sprech- und Denkverboten durch das Justemilieu und eine überkritische wirtschaftliche Situation – durch die Bedrohung einer mittelalterlichen Religion von Modernisierungsverlierern, die mangels zukunftsfähigen Visionen nur Tod und Zerstörung als Handlungsprinzip kennen. Ein weiteres Regierungsversagen, da das Entstehen von Parallelgesellschaften und das Einsickern von Tausenden von todeswilligen Terroristen nicht zuletzt durch die Aufgabe der Kontrolle der Außengrenzen des Schengen-Raums und der Durchsetzung unseres aufgeklärten Wertekanons erst möglich wurde.

Wenn die Regierenden gehäuft ihr Versagen unter Beweis stellen und ihre Entscheidungen fern von der Beeinflussbarkeit durch die Betroffenen stattfinden, regrediert der von ihnen regierte Staatsbürger zum Untertan – und verhält sich entsprechend. Er sieht seine ureigensten Interessen nicht mehr wahrgenommen. Diese sind überschaubar: nachvollziehbare und sinnvolle Verwendung seiner Steuerabgaben, Einhaltung von Sozialversprechen, Aufrechterhaltung einer modernen Infrastruktur, sozialer Friede und persönliche Sicherheit – und das alles als Basis dafür, nach seinem Vermögen und seinen Wünschen sein eigenes kleines Glück zu erreichen.

Wo Orientierungshilfen fehlen (das ist amtlich, die Regierung hat folgende sinnvolle und nachvollziehbare Beschlüsse gefasst), ist Platz für Neues. Verantwortungsloses Handeln der Regierenden hat verantwortungsloses Handeln der Regierten zur Folge. Wenn sie ihr Unbehagen in Form von Faustrecht, Straftaten wie das Anzünden von Asylantenheimen oder Hetzjagden auf alles, was fremd und bedrohlich wirkt, äußern, begegnen sie zu Recht staatlichen Repressionsmethoden. Drücken sie ihre Ängste aber zivilisierter aus, indem sie Parteien oder Bewegungen wählen, die ihre Anliegen aufnehmen, müssen sie feststellen, dass sie selbst und ihre gewählten Interessensvertreter nicht nur vom Justemilieu als Hetzer, Populisten, Rechtsradikale oder Neofaschisten beschimpft werden. Als Ersatz für jedwede inhaltliche Auseinandersetzung.

Wenn gleichzeitig das große Ganze, also die EU, selbst der eigene Nationalstaat für die Teilhaber als schwer durchschaubar, nicht beeinflussbar und der eigenen Wahrnehmung der Lebenswirklichkeit völlig entfremdet erscheint, findet eine Regression statt, das Zurückfallen auf kindliche bis kindische Verhaltensmuster. Der Staat und die ihn verkörpernden politischen Institutionen werden als übermächtige und unverständliche Autoritäten wahrgenommen. Die Debatte reduziert sich auf die kindliche Frage: «Warum?», die mit einem begründungslosen «Darum!» beantwortet wird, allenfalls ergänzt durch ein: «Das verstehst du nicht, lass das mal die Erwachsenen machen.»

Da die meisten Staatsbürger zunehmend den Eindruck haben, dass sie nichts Wesentliches zur Meinungs- und Entscheidungsbildung beitragen können, reduzieren sie ihre Weltwahrnehmung auf überschaubare Räume, das Individuelle, das Private, das Emotionale. Wenn sie schon nicht am gesellschaftlichen oder politischen Diskurs teilnehmen können, verwenden sie stattdessen das Internet, um die geniale Interpretation des Rufs der Graugänse im Kinderbuch von Selma Lagerlöf anzuwenden: «Ich bin hier, wo bist du?» Nicht nur im Prekariat hat deshalb jede TV-Sendung, die gute Ratschläge fürs Kochen, Einrichten, Renovieren, den Umgang mit pubertierenden Kindern, das richtige Einkaufen, die Auswahl des sowohl preisgünstigsten wie angenehmsten Ferienhotels, Ordnung im eigenen Portemonnaie oder das Einfordern rechtlicher Ansprüche gibt, eine entschieden höhere Einschaltquote als jedes politische Gefasel in den Medien.

Zur weiteren Verwirrung und Infantilisierung trägt der geradezu Orwell-artige Wechsel der Begrifflichkeiten in der Beschreibung von Weltereignissen bei. Was noch vor kurzer Zeit Freiheitskämpfer gegen üble Diktatoren in der arabischen Welt waren, sind plötzlich zu fürchtende Terroristen. Ein mit Hohn und Spott übergossener Milliardär mit merkwürdiger Frisur, den man nun wirklich nicht ernst nehmen kann, wird plötzlich zu einem möglichen Präsidentschaftskandidaten. Jeder beliebige europäische Regierungschef mutiert vom Hoffnungsträger, der jetzt aber die Karre aus dem Dreck ziehen wird, zum Auslaufmodell, von dem nur Neuwahlen erlösen können. Jeder Lichtstreifen am Konjunkturhorizont verdunkelt sich wieder, nur um handkehrum wieder aufzuleuchten. Eine schwarze Null im Staatshaushalt wird röter und röter, am Schluss schillert sie in allen Farben des Regenbogens.

Nicht nur hier zeigt sich ein Symptom für Infantilisierung, das sich mit einem Bild aus der Informationstechnologie beschreiben lässt: die Digitalisierung des Denkens. So wie ein Computer auf einem binären Prinzip aufgebaut ist – Strom oder kein Strom, 1 oder 0 –, so findet auch zunehmend das Denken und Beurteilen statt. Freiheitskämpfer – Terroristen, Lachnummer Trump – ernsthafter Präsidentschaftskandidat, Problem Griechenland gelöst – Problem Griechenland nicht gelöst, «wir schaffen das» – «wir schaffen das nicht». Die Überflutung mit Informationen und Nachrichten durch das Internet schafft interessanterweise nicht Raum für allseitige vertiefte Kenntnis, sondern zwingt den überforderten Staatsbürger dazu, sich an einem möglichst banalen Raster zu orientieren, damit ihm die Welt und auch sein persönliches Lebensumfeld nicht als unüberschaubares Chaos vorkommt.

«Die Rente ist sicher» – «Die Rente ist nicht sicher», «Der Euro ist am Ende» – «Der Euro ist nicht rückgängig zu machen». «Flüchtlinge sind eine Bedrohung» – «Flüchtlinge sind eine Bereicherung». «Der Staat muss sparen» – «Der Staat muss investieren». Welches

Thema man auch anschneidet, letztlich werden binäre Entscheidungen gefällt, wie man das zu bewerten und zu sehen habe. Darüber führen Intellektuelle, Feuilletonisten und Talkshowgäste ihre Kriegstänze auf, wärmen sich am kleinen Lagerfeuer der eigenen Wichtigkeit und übersehen dabei, dass das weite Teile einer überforderten Bevölkerung schlichtweg nicht interessiert, ob man «Mitbürger mit Migrationshintergrund» sagen darf, «Wirtschaftsflüchtling» einen diskriminierenden Unterton hat oder jegliches Bedenken gegen massive Flüchtlingsströme der Ausdruck eines verborgenen Rassismus und einer dumpfen Fremdenfeindlichkeit sind. Genau deshalb ist auch die Einteilung der Welt und aller Meinungen dazu in «gut» oder «böse», «human» oder «inhuman» so verführerisch wie gefährlich.

Auch das schafft klare Ordnung, Übersichtlichkeit, gibt ein einfaches Koordinatensystem zur Hand, mit der die Welt und ihre Beurteilungen gemessen werden können. Allerdings besteht der Nachteil darin, dass das binäre Computersystem seine Letztbegründung in sich selbst findet, es braucht einfach zwei unterschiedliche Zustände, auf denen dann sogar künstliche Intelligenz aufgebaut werden kann. Überhaupt nicht intelligent ist aber die Verwendung eines binären Systems, das aus «gut» oder «böse» besteht. Denn trotz einer Morallehre von Aristoteles über Kant bis heute, trotz des Versuchs, zu definieren, was moralisch oder ethisch richtig ist, trotz den Versuchen, das an überirdischen oder religiösen Satzungen festzumachen, ist dieses Modell für eine Welterklärung untauglich. Wer es verwendet, will damit lediglich die Lufthoheit über politische und gesellschaftliche Auseinandersetzungen erobern, Andersdenkende oder politische Feinde abqualifizieren.

Brandgefährlich wird das deswegen, weil es einen wesentlichen Beitrag zur Infantilisierung der Gesellschaft leistet. Kleinkinder, am Anfang ihrer intellektuellen Entwicklung, vermögen ihren Gemütszustand oder ihre Weltsicht auch nur binär auszudrücken. «Ja», «Nein», «will aber», «will aber nicht», mehr Erklärungsmöglichkeiten existieren auf dieser Stufe nicht. Im europäischen Mittelalter wurden solche Satzungen durch die herrschenden Autoritäten vorgegeben, was des Kaisers oder gar Gottes Wille ist, das ist nicht hinterfragbar richtig, wer das nicht akzeptiert, liegt unbestreitbar falsch und muss zur Räson gebracht werden. In einer weiten Spirale sind wir heute wieder zu diesen Zuständen zurückgekehrt, nur haben diese Autoritäten andere Bezeichnungen; neben «moralisch gut» versus «moralisch schlecht» gibt es noch ein drittes Wort, das Ordnung schaffen soll.

Es herrschen also wieder mittelalterliche Zustände in Europa, aber nicht in erster Linie durch den Einbruch der religiösen Irrationalität in Form des Islamismus. Zuvorderst drückt sich das in einem Begriff aus: «alternativlos». Sollten alle Stricke bei der Vermittlung politischer Entscheidungen reißen, werden sie als «alternativlos» bezeichnet. Dabei gibt es kein antidemokratischeres, kein absolutistischeres Wort, keinen Begriff, der diametraler der Aufklärung widersprechen würde. So wie die Erlangung des ewigen Seelenheils alternativlos nur durch das Befolgen der Satzungen und Befehle der christlichen Kirche möglich war, behaupten heute irdische Instanzen ihre Unfehlbarkeit. Der einzige Unterschied besteht darin, dass sie zur Letztbegründung nicht auf Überirdisches rekurrieren. Aber der göttliche Allmachtsanspruch, gespeist aus vermeintlichem Allwissen, ist geradezu teuflisch ähnlich.

Die Aufklärung hat demgegenüber einen weiteren großartigen Gedanken befördert. Der Teilhaber an einer wie auch immer zivilisierten Gemeinschaft, die sich heutzutage im Allgemeinen als Staat konstituiert, ist nicht Objekt, sondern Subjekt. Also alle Institutionen beziehen ihre Legitimation nicht aus sich selbst, sondern dienen den ihnen unterworfenen Subjekten, wobei ihr einziger Daseinszweck darin besteht, das gemeinschaftliche Zusammenleben so angenehm und beförderlich wie möglich zu gestalten. In der amerikanischen Unabhängigkeitserklärung wurde dafür der geniale Begriff «Pursuit of Happiness» gefunden. Das Streben nach Glück, ergänzt durch Leben und Freiheit. Das sind tatsächlich die selbstverständlichen und unveräußerlichen Rechte, die jeder Mensch fraglos besitzt.

Vergleichen wir diese Ansage von 1776 mit dem aktuellen Zustand Europas, so wird schon auf dieser abstrakten Ebene klar, dass wir nicht nur in einer Unzahl von Problemen stecken, sondern mitten in einer Zeitenwende. Die Ururenkelkinder der Aufklärung sind nicht länger unterwegs auf dem Fortschrittspfad zur Vernunft und der damit einhergehenden Verbesserung aller Lebensumstände. Das wirft natürlich die Schuldfrage auf.

Seit dem Ende des Zweiten Weltkriegs und nochmals verschärft durch den Zusammenbruch des sozialistischen Lagers verwandelte sich der Staat von einem wirtschaftlichen Nischenplayer und einer Ordnungsmacht, die das Einhalten gewisser Spielregeln überwacht und durchsetzt, in ein Monstrum. Obwohl das wirtschaftliche System der zentral gelenkten Planwirtschaft gescheitert ist, muss man in den meisten modernen Industriestaaten von einem mindestens halben Staatssozialismus sprechen, da im Durchschnitt die Hälfte des jeweiligen Bruttoinlandprodukts (BIP) unter staatlicher Kontrolle steht. Und innerhalb des Staatshaushalts wird bis zu einem Drittel der Einnahmen in Form von Umverteilung, also Sozialausgaben in jeder Form, verwendet. Bis zu den Zeiten der Nullzinsen dicht gefolgt vom Schuldendienst. Damit ist der Staat unbestreitbar mächtig, aber wieso ein Monstrum? Weil sein Handeln nur noch beschränkt der Kontrolle seiner Staatsbürger unterliegt und weil er sein Agieren in der Letztbegründung als alternativlos darstellt. Diese normative Kraft des Faktischen wird durch den durchaus erfolgreichen Versuch ergänzt, das Monopol auf die Verwendung von Begriffen in der öffentlichen Auseinandersetzung, also die Beherrschung der dabei erlaubten (und verbotenen) Wörter zu erlangen.

Geben wir zur Illustration ein Beispiel einer möglichen Denkhypothese, wie man der aktuellen Terrorgefahr begegnen könnte. Da ein innerlicher Zusammenhang zwischen dem Islam und den Taten der Terroristen besteht, muss der Islam in Europa verboten werden. Religionsfreiheit und Toleranz können angesichts einer Bedrohungslage, die jeden von uns zum potenziellen Opfer macht, nicht angewendet werden. Da es den Attentätern nur möglich ist, ihre Verbrechen zu begehen, indem sie auf Netzwerke von Unterstützern zurückgreifen, müssen bei deren Bekämpfung auch grundlegende Rechte außer Kraft gesetzt werden. Also beispielsweise die Unschuldsvermutung, das Recht auf einen ordentlichen Prozess und auf körperliche Unversehrtheit. Es handelt sich hier um einen Kriegszustand, und um dieser Gefahr zu begegnen, die nicht nur unsere Soldaten oder staatliche Ordnungskräfte bedroht, sondern jeden Einzelnen, müssen auch Kollateralschäden in Kauf genommen werden. Da es sich im wahrsten Sinne um einen Kampf auf Leben und Tod handelt, der Feind Argumenten, Integrationsmaßnahmen, dem Heranführen an unsere Werte nicht zugänglich ist, muss er vernichtet werden.

Es soll hier nicht behauptet werden, dass diese Überlegung alternativlos oder unbestreitbar richtig sei. Sie soll nur exemplifizieren, dass eine Einspeisung in den herrschenden Diskurs, in die Multiplikatoren der öffentlichen Meinungsbildung, in eine sinnvolle politische Debatte, schlichtweg unmöglich ist. Eine immer länger werdende Liste von Tabubegriffen, sei das bezüglich des «Friedensprojekts» EU, der Flüchtlingskrise, der Art und Weise, wie der europäische Wertekanon durchgesetzt und gerettet werden kann, wie man einem Sozialhilfeempfänger zu begegnen hat, macht jeglichen Fortschritt, jedes sinnvolle Suchen nach Lösungen unmöglich. Rede, Widerrede, richtig, falsch, nur in der freien Auseinandersetzung mit ganz wenigen Denkverboten, die Anstand und Sitte verlangen, entstehen neue Erkenntnisse. Das ist vorbei. Was als «politcial correctness» in den USA begann und dort inzwischen sogar im Wissenschaftsbereich zu Absurditäten führt, von denen sich jedes Jesuitenkloster im Mittelalter noch ein paar Scheiben hätte abschneiden können, hat nicht zuletzt zur Verabschiedung von weiten Kreisen der europäischen Bevölkerung aus der öffentlichen Debatte geführt.

An der damit einhergehenden Infantilisierung sind aber nicht die ehemals aufgeklärten Staatsbürger schuld. Sondern der hypertroph gewordene moderne Staat, dessen Sachwalter ihr zunehmendes Versagen durch Denkverbote und Tabubegriffe bemänteln. Nun könnte man mit Churchill dagegenhalten, dass Demokratie die schlechteste aller Regierungsformen ist, abgesehen von «allen anderen, die von Zeit zu Zeit ausprobiert worden sind». Um einen weiteren Tabubruch zu begehen: Es ist aber zumindest die Frage, ob durch eine Anhäufung von Fehlverhalten, Versagen, Bürgerferne und den Versuch, öffentliche Auseinandersetzungen auf genehme Begrifflichkeiten zu beschränken, dieses ganze Regierungssystem nicht zum Untergang verurteilt ist.

Historisch betrachtet handelt es sich in Kerneuropa, insbesondere in Deutschland, Frankreich, Spanien, Portugal, Italien, von Griechenland oder ehemaligen Staaten des Ostblocks ganz zu schweigen, bei der Parteiendemokratie, verbunden mit sozialer Marktwirtschaft, um ein relativ junges Phänomen. Noch jünger ist der Versuch, größere Teile Europas politisch und wirtschaftlich in einen Staatenbund zu verwandeln. Dieses Experiment kann zumindest auf ökonomischem Gebiet mit Fug und Recht als gescheitert bezeichnet werden. Wie steht es dann mit dem Modell des übermächtigen, allfürsorglichen und alle Bereiche des gesellschaftlichen Lebens dominierenden Staates mitsamt seinen Entscheidungsträgern?

Angesichts der anhaltenden Wirtschaftskrise und dem Ausbleiben eines Konjunkturaufschwungs ist er nicht länger in der Lage, seine neue Art des Sozialvertrags einzuhalten. Der bestand lange Jahre darin, dass sich der Staatsbürger vieler Mitbestimmungsrechte entäußert, dafür aber eine Rundumbetreuung bekommt; so bezieht jeder zweite Einwohner der Bundesrepublik Deutschland in der einen oder anderen Form soziale Unterstützung. Dafür muss er nur seine Selbstverantwortung aufgeben und infantil Hilfe verlangen. Statt Subjekt seines eigenen Lebens ist er zum Objekt des ihn betreuenden Väterchen (und Mütterchen) Staat geworden. Allerdings ist das heutzutage nur noch möglich, indem der Generationenvertrag gebrochen wird. Das bedeutet, die aktuellen Einzahler in die Sozialsysteme, mit denen die Sozialleistungsempfänger alimentiert werden, bekommen in Zukunft im besten Fall nur einen Bruchteil der von ihnen erworbenen Ansprüche.

Prognosen sind immer schwierig, vor allem, wenn sie die Zukunft betreffen. Vielleicht ist es daher sinnvoll, nach Symptomen zu suchen, anhand derer man einen möglichen Zusammenbruch dieses Systems möglichst frühzeitig erkennen kann. Die zunehmende Infantilisierung der Gesellschaft scheint kein schlechtes Kriterium zu sein. Vor allem, weil es die multifaktoriellen Entwicklungen, die eingangs beschrieben wurden, auf einen gemeinsamen Nenner bringt. Dieses Kriterium ist deshalb wichtig, weil es die Basis des gesellschaftlichen Zusammenhaltes misst. Sie besteht darin, dass die überwiegende Mehrheit der Teilhaber eines organisierten Zusammenlebens mit den damit verbundenen Regeln und Gesetzen einverstanden ist. Und, genauso wichtig, die Überzeugung hat, diese Regeln notfalls innerhalb des Systems unter Ausnützung dafür vorgesehener Mechanismen zu ändern.

Die in ganz Europa entstandenen neuen Parteien oder Bewegungen, die am demokratischen Meinungsbildungsprozess und an Wahlen teilnehmen, repräsentieren allerdings nur die Bevölkerungskreise, die überhaupt noch an die Sinnhaftigkeit solcher Prozesse glauben. Wie gross der Prozentsatz der Bevölkerung ist, die schon längst in völligen Infantilismus abgeglitten ist, müsste durch entsprechende wissenschaftliche, empirische Untersuchungen festgestellt werden. Die dafür nötigen finanziellen Mittel ließen sich wohl auftreiben, dazu bereite Wissenschaftler schon weniger. Eine gesellschaftliche Debatte über dieses eminent wichtige Thema anzustoßen, erscheint angesichts des herrschenden Justemilieu illusorisch. Also wird der Prozess der Infantilisierung ungebremst weitergehen. Der Zusammenbruch der gesellschaftlichen Ordnung ist dabei nicht die einzige, aber eine mögliche Konsequenz.

Eva-Maria Michels

Gesellschaftlicher Infantilismus und Gewalt, die siamesischen Zwillinge

Einleitung

Fast jeder hat wahrscheinlich schon einmal diese oder ähnliche Situationen erlebt: Auf der Straße laufen zwei Blondinen mit langer Mähne, Röhrenjeans und bauchfreiem Oberteil. Plötzlich drehen sie sich um, und man stellt entsetzt fest, dass es sich weniger um zwei 15jährige Freundinnen handelt als um Mutter und Tochter! Während die eine Blondine nämlich in der Tat das junge Gesicht eines Teenagers hat, wird der sexy Look der anderen von einem nicht mehr ganz unverbrauchten 45jährigen Gesicht mit ersten Falten «gekrönt». Oder Szenewechsel: Es ist Samstagabend, und irgendwo im Lande findet wieder einmal eine Ü40, Ü50 oder auch Ü60 Party statt: Etwas in die Jahre gekommene, modisch aufgedonnerte Erwachsene rekeln sich auf der Tanzfläche zur Discomusik ihrer Jugend. Oder noch ein Szenewechsel: In einer großstädtischen Szenekneipe fühlt sich inmitten von 20-30Jährigen eine Gruppe von grauhaarigen, 60jährigen, augenscheinlich wohlsituierten Männern in Röhrenjeans, Turnschuhen und T-Shirts von Trendmarken pudelwohl. Dass sie die Väter der übrigen Kneipenbesucher sein könnten, scheint ihnen weder in den Sinn zu kommen noch sie zu stören.... Diese Liste von Beispielen ließe sich unendlich fortsetzen. Sie versinnbildlicht auf eher harmlos-lächerliche Art ein Phänomen, mit dem gegenwärtig alle Wohlstandsgesellschaften konfrontiert sind: dem Infantilismus.

Doch was genau verbirgt sich hinter diesem Begriff? Im allgemeinen Sprachgebrauch versteht man unter «infantil» das Verhalten eines erwachsenen Menschen, der sich nicht seinem biologischen Alter entsprechend verhält. Als individuelle Verhaltenskomponente gibt es den Infantilismus also seit jeher. Als gesellschaftliches Phänomen tritt er seit Ende der 1970er Jahre in Erscheinung: Er ist ein pures Produkt aus der Kombination von wirtschaftlichem Überfluss, Wertewandel und Wohlfahrtsstaat. Nach dem Ende des II. Weltkriegs kommt es zu einem in der Menschheitsgeschichte nie gekannten Wohlstandsgewinn für breite Bevölkerungsschichten. Den finanziellen Überschuss am Monatsende nutzen die Menschen, um sich Konsumgüter zu kaufen, von deren Existenz vorherige Generationen nicht einmal zu träumen wagten. Der allgemeine Lebensstandard steigt beträchtlich, und viele Konsumgüter vereinfachen den Menschen den Alltag erheblich. Die ständige Qualitätsverbesserung der Produkte verlängert jedoch deren Lebenszyklen, so dass es langfristig zu einer Sättigung des Marktes und damit zu Absatzproblemen der Industrieunternehmen kommen muss. Um dieser natürlichen Tendenz entgegenzuwirken, versuchen die Unternehmen durch Werbung und Marketingkampagnen bei den Verbrauchern neue Wünsche zu wecken. Dieses Spiel funktioniert sehr gut, denn durch die bereits erfolgte Eindeckung mit langlebigen Konsumgütern erwirtschaften die Haushalte in Zeiten von Wirtschaftswachstum ständig einen finanziellen Überschuss, der darauf wartet, entweder gespart oder konsumiert zu werden. Immer mehr überschüssiges Geld fließt zur Freude der Unternehmen in den Konsum, während die Sparneigung in der Bevölkerung abnimmt. Nach der ersten echten Wirtschaftskrise der westlichen Welt in den 70er Jahren vergrößern sich seit Beginn der 1990er Jahre in den meisten Industriestaaten die Einkommensunterschiede stetig. Diese Entwicklung müsste eigentlich den Ausschluss eines wachsenden Teils der Bevölkerung von der kollektiven Konsumorgie zur Folge haben. Doch dank scheinbar unbegrenzter Kreditangebote und einer Manipulation durch suggestive Werbung und Lifestyle-Trends halten immer mehr Menschen den hemmungslosen Konsum für normal und weigern sich, ihr Ausgabeverhalten ihren wirklichen finanziellen Mitteln anzupassen. Notfalls kaufen sie eben ‚auf Pump'. Die Anzahl völlig überschuldeter Haushalte nimmt somit stetig zu, wenn sie auch in Europa noch nicht den Umfang amerikanischer Verhältnisse erreicht hat.

Der kulturelle Grundstein dieser Mentalität wurde in der 68er Revolution gelegt. Die materiell gesättigten Bürgerkinder auf den Barrikaden propagierten nicht nur eine radikale Abkehr von der christlich-abendländischen Religion und Kultur mit ihren Werten wie Maßhalten, Selbstbeherrschung, Sparsamkeit, Bescheidenheit, Selbstverantwortlichkeit etc., sondern sie traten für ein rein genussorientiertes materialistisches Leben ein. Das grenzenlose Ausleben der individuellen Freiheit bildete das Herzstück ihrer neuen Gesellschaftsordnung. Der Mensch sollte sich frei von jeglichen gesellschaftlichen, traditionellen, moralischen und religiösen Zwängen entfalten können und so zu einem menschlicheren Menschen heranreifen. Die neue Gesellschaftsordnung, die so entstehe, würde keine Klassen-, Rassen- und Geschlechtsunterschiede mehr kennen und letztendlich zur absoluten Gleichheit aller Menschen führen. Diese hedonistisch-materialistische Utopie mit egalitaristischer Komponente erschien vielen Menschen attraktiv, denn sie befreite einerseits den Menschen von der lästigen Anstrengung der Mäßigung und versprach stattdessen sofortige Triebbefriedigung ohne Gewissensbisse. Andererseits erlaubte sie auch das Ausleben unterschwelliger Neidkomplexe und Habsucht, denn nach der neuen Ordnung stand der einfachere Nachbar dem wohlhabenderen in materiellen Rechten und vom sozialen Status her in nichts mehr nach – und musste dafür nicht einmal besondere Leistungen erbringen.

In den Regierungsstuben der westlichen Welt begann man recht bald, dieser populären Utopie gesetzgeberisch Rechnung zu tragen. Der Wohlfahrtsstaat wurde geschaffen. Mit Hilfe des fürsorgenden Staates sollten gesellschaftliche Ungerechtigkeiten, sprich Ungleichheiten, beseitigt werden und stattdessen eine klassenlose Gesellschaft erschaffen werden. Ungleichheit wurde von nun an mit Diskriminierung gleichgesetzt, die es galt, durch die bewusste Förderung bisher unterrepräsentierter Bevölkerungsgruppen wettzumachen – selbstverständlich auf Kosten der vermeintlich Bevorzugten. Die große steuerliche Umverteilungsmaschinerie wurde in Gang gesetzt. Parallel dazu garantiert(e) der Gesetzgeber den Menschen das Ausleben immer neuer hedonistischer ‚Rechte'. Dank des vollversorgenden Wohlfahrtsstaates, eine Art Vollkaskoversicherung für individuelle Unverantwortlichkeit, bekamen und bekommen nur die wenigsten Menschen die negativen Konsequenzen von kurzsichtigem und verantwortungslosem Verhalten in ganzer Härte zu spüren, denn ‚Vater' Staat federt ebenso unliebsame finanzielle Folgen ab, wie er sich um familiäre Belange kümmert. Z. T. werden durch wohlfahrtsstaatliche Eingriffe sogar Ursache und Folge von menschlichem Verhalten auf den Kopf gestellt, bzw. Kurzsichtigkeit gefördert. Man denke nur daran, wie das Politestablishment nach jedem jährlichen Armutsbericht Krokodilstränen weint ob der prekären Lage Alleinerziehender mit Kindern. Gleichzeitig schaffen allerdings dieselben Personen Gesetze, die die Familien fragilisieren, und fördern durch ein materielles Anreizsystem Single-Mütter...

Und damit wären wir beim Kern des Problems des Infantilismus: Die unselige Trias aus Wohlstand, Wertewandel und Wohlfahrtsstaat hat in gewisser Weise zu einer Degenerierung des Verhaltens des westlichen Menschen geführt. Aufgrund der stetig wachsenden finanziellen Mittel, die zur Verfügung stehen, füllen immer mehr Menschen die geistig-geistliche und kulturelle Leere, die die 68er Revolution verursacht hat, durch einen immer maßloseren Alltagskonsum. Er ist zu einer Art Selbstzweck geworden und für die meisten Menschen heute Lebenssinn und -inhalt. Für den Nachwuchs der 68er Generation ist der Konsum bereits ein fester Lebensbestandteil, der kaum hinterfragt wird. Vor dem Hintergrund dieses gesellschaftlichen Klimas, das den individuellen Genuss über alles andere stellt, aber gleichzeitig keine sozialen Unterschiede ertragen kann, und in dem sich ‚Vater' Staat um alles kümmert, hat sich eine ‚Wegwerfmentalität' herausgebildet, die mit einem stetig wachsenden materiellen Anspruchsdenken einhergeht: Alles im Leben wird konsumiert mit dem Ziel, den größtmöglichen persönlichen Nutzen und Genuss aus dem Augenblick zu ziehen. Selbst der soziale Status definiert sich immer weniger über Bildung und Kultur, dafür aber umso mehr über den Besitz eines it-Objektes – je eher man in seinen Besitz kommt, umso prestigeträchtiger. Sparen und geduldiges Warten, bis man sich das Objekt wirklich leisten kann, zählen nicht mehr, denn der Lebenszyklus eines solchen «Must have» ist dafür zu kurz. Entweder man hat die finanziellen Möglichkeiten, sich das begehrte Objekt sofort zu kaufen, oder man finanziert es eben auf Kredit. Die Menschen leben auf jeden Fall für den Augenblick und machen sich keine Gedanken über die mittel- bis langfristigen Folgen kompulsiven Kaufens. Ein Produkt, das nicht mehr der ‚letzte Schrei' ist, wird entsorgt und durch etwas Neueres ersetzt.

Zwischenmenschliche Beziehungen sind nach dem gleichen Muster angelegt: Die Menschen konsumieren sie und wechseln zum nächsten ‚Objekt', sobald sich Schwierigkeiten oder Langeweile in der Beziehung einstellen. Man ist sich selbst schließlich der Nächste und möchte sein Lebensglück nicht opfern, nur um jemandem anderen Leid zu ersparen. Nichts ist von Dauer. Darum kommen die Menschen auch nie wirklich zur Ruhe. In einer Gesellschaft, in der alles Konsum ist, muss schliesslich jeder damit rechnen, auch selbst verkonsumiert zu werden. Also stehen alle in einem ständigen Wettkampf mit den begehrtesten ‚Marktteilnehmern', den Jungen. Sie dominieren die Werbung, ihr Geschmack und Lebensstil setzt die modischen Maßstäbe, sie sind schön und körperlich fit. So wie sie sind, wollen alle sein – ewig. Also versuchen die Älteren und weniger Schönen, sie in allen Bereichen zu kopieren. Sie kleiden sich wie sie, sie hören dieselbe Musik wie sie, sie versuchen so ungebunden zu bleiben wie sie, sie denken wie sie, kurz, sie weigern sich, erwachsen zu werden. Damit ist der infantilisierte Erwachsene, der Berufsjugendliche oder Kidult, wie ihn die Werbeindustrie nennt, geboren.

Doch was genau zeichnet diesen kindischen Erwachsenen aus? Sein wichtigstes Merkmal ist die Weigerung, die Dinge so zu sehen, wie sie sind. Er hält seine Wünsche für die Wirklichkeit und verwechselt somit die Illusion mit der Realität. Folglich kann sich der infantile Erwachsene nicht vom Jetzt befreien. Es mangelt ihm daher an der Fähigkeit, sowohl die Vergangenheit als auch die Zukunft in den Blick zu nehmen. Aufgrund des kulturellen Kahlschlags der 68er kennt seine genussorientierte Jetzt-Welt keine Werte, keine Geschichte und keine Regel, und deshalb kann der Infantile auch keine Verantwortung für seine Entscheidungen übernehmen. Er befindet sich stattdessen wie ein kleines Kind in permanenter Abhängigkeit der anderen, von denen er alles erwartet, und erlangt aufgrund seiner fehlenden affektiven, sozialen und intellektuellen Reife niemals Autonomie. Die fehlende Autonomie führt dazu, dass der Infantile Konflikte fürchtet wie der Teufel das Weihwasser und dass er seine «Meinung» herdentriebartig an der der Mehrheit ausrichtet. Zur Autorität hat er wie ein Kleinkind im Trotzalter ein ambivalentes Verhältnis. Doch was für ein Kleinkind normal ist, ist bei einem Erwachsenen pathologisch: Der Infantile verteufelt zwar die Autorität, doch gleichzeitig unterwirft er sich ihr entweder fanatisch, oder aber er lehnt sich blind gegen sie auf.

Durch das unreife Verhalten der Erwachsenen, die sich weigern erwachsen zu sein, gerät das gesellschaftliche Gleichgewicht aus den Fugen. Das Kräfteverhältnis zwischen den Generationen verändert sich und keine Generation nimmt mehr den ihr eigentlich gebührenden Platz ein. Die Gesellschaft steht Kopf! Die Folge dessen ist die Zunahme von Gewalt in allen Bereichen des Lebens, weil die natürlichen Regulatoren fehlen. Anhand von drei Beispielen soll dies gezeigt werden:

Schule: Die Wandlung von der Lehranstalt zur Gewalthölle

«Hilfe! Mein Sohn geht seit letzten Sommer in die 1. Klasse. Seitdem vergeht fast kein Tag ohne Geheule und Ärger! Er berichtet mir fast andauernd, dass er von größeren Mitschülern getreten und geschlagen wird. Habe morgen auch schon selber beobachtet, dass auch andere Mitschüler nicht gerade sanft miteinander umgehen. Einmal kam mein Sohn alleine mittags nach Hause (mann ist natürlich stolz, dass es so gut klappt, er hat auch keinen weiten Nachhauseweg), und was sehe ich zufällig? Drei größere haben ihn so in der Mangel, dass ihm alles runterfällt (TURNBEUTEL). Am Ranzen wird wie wild rumgerissen! Das Ende vom LIED: Mein Kind heult wie verrückt (ist ja wohl auch verständlich!) und Muttern rennt wie von der Tarantel gestochen rauß und knöpft sich diese Bande vor! [...] Sonst macht meinem Sohn die Schule Spaß, aber nach diesen

Tag hat er nur noch Angst und schlechte Laune.»[6] Beschreibungen wie diese über Gewalt schon in der Grundschule finden sich inzwischen zu Hauf in Internetforen und auch in Presseartikeln. Laut einer online-Studie von 2007 der Universität Koblenz-Landau, an der 1997 Schüler aller Klassenstufen teilnahmen, äußerten 54,3 Prozent der Befragten, dass sie von direktem Mobbing, d. h. körperlicher Gewalt, betroffen seien. Vor allem Schüler unterer Klassenstufen leiden darunter, während bei den Älteren das Cybermobbing wichtiger wird. (Dazu im nächsten Kapitel mehr.) Doch niemand kennt die genauen Zahlen mit Sicherheit, denn viele Gewaltopfer behalten ihr Martyrium für sich, oder die Schulen versuchen, die Probleme unter den Teppich zu kehren, um nicht ihren guten Ruf zu verlieren. Gemeldet werden jährlich (2012) etwa 90.000 Prügeleien, die so schwer waren, dass die Schüler danach ärztlich behandelt werden mussten. Aber nicht nur Schüler sind Gewaltopfer, sondern auch Lehrer werden immer häufiger von ihren Schülern angegriffen. Selbst Fälle wie der eines Drittklässlers, der von Zeit zu Zeit gefährliche Wutausbrüche bekam, wenn ihm etwas nicht passte, und eines Tages seiner Lehrerin wütend in den Unterleib trat, weil er sich ungerecht behandelt fühlte, sind keine Seltenheit mehr.[7] In einer Studie der FU-Berlin, in der die Charaktere sämtlicher Schulamokläufer aus den USA, Deutschland und anderer Länder untersucht wurden, kommen die Forscher zu dem Schluss, «dass 43 Prozent der Täter im Vorfeld ihrer Tat Probleme oder Konflikte und Ungerechtigkeitserlebnisse mit Lehrern und Schulvertretern hatten». Diese Konflikte waren nicht unbedingt bedeutsam, doch die späteren Täter empfanden sie subjektiv als schwere persönliche Kränkungen.[8] Rührt daher diese Lust

[6] *http://www.chefkoch.de/forum/2,45,375363/Gewalt-an-der-Grundschule.html (Die Rechtschreib- und Grammatikfehler sind hier wie im Original wiedergegeben.)*

[7] *http://www.tresselt.de/gewalt.htm*

[8] *http://www.berliner-zeitung.de/wissen/studie-zu-schulmassakern-amoklaeufer-sind-selten-mobbingopfer-655656*

mancher Kinder, anderen Kindern oder Lehrern körperliche Gewalt anzutun? Es scheint, dass dieses Verhalten, das sich durchaus nicht nur bei Kindern aus sozial schwachen Schichten findet, eine direkte Folge der gesellschaftlichen Infantilisierung ist.

Die jetzige Elterngeneration ist nämlich bereits in einer infantilisierten Welt gross geworden. Sie wuchs in finanziell gesicherten Verhältnissen und materiellem Überfluss auf und war von Kindsbeinen an Opfer diverser Marketingstrategien zum Absatz mehr oder minder wertloser Konsumgüter. Entbehrungen und Warten haben die zwischen 1970 und 1990 Geborenen selten am eigenen Leib gespürt. Stattdessen bereiteten ihnen ihre Eltern, die Babyboomer aus der Wirtschaftswunderzeit, ein Leben in Komfort vor, das einerseits von einem uneingeschränkten Glauben an den materiellen Fortschritt und andererseits von geistig-geistlicher Leere geprägt war. In der staatlichen Schule legten ihnen die Lehrer der 68er Generation die Vorteile des Wohlfahrtsstaates dar und vermittelten ihnen die Erkenntnis, dass alle Menschen gleich seien, jeder die gleichen Rechte habe und der Staat glücklicherweise notfalls durch Umverteilung eingreife, um dem weniger Begüterten, dem ‚unschuldigen Opfer', die gleiche materielle Grundlage zu verschaffen, über die der Wohlhabendere, der ‚böse Ausbeuter', bereits verfüge. Außerdem klärten die Lehrer über die Segnungen eines hedonistischen Sexuallebens auf. Die Schüler lernten neben der technischen Handhabung von Kondomen (‚Ich mach's mit') und dem ‚Frauenrecht' auf Verhütung, dass ‚Vater' Staat in Form von steuergeldfinanzierten profamilia-Beratern immer an ihrer Seite ist, sollte dennoch einmal etwas ‚schiefgehen' beim Ausleben der Lust.

Die Folge dieser Erziehung ist, dass sich viele junge und inzwischen mittelalte Menschen im hemmungslosen Konsum verloren haben und die Phase der Familiengründung immer weiter herausschieben auf ‚wenn man soweit ist'. Die schon etwas in die Jahre gekommenen ‚Jugendlichen' fühlen sich ‚jung' und wollen ihre ‚jugendliche' Freiheit bis ins Letzte auskosten. 35Jährige durchfeiern die Wochenenden wie 17Jährige, gehen als Rucksacktouristen auf Reisen rund um den Globus wie Studenten und decken sich sonst mit allerlei modischen Konsumgütern ein, die z. T. im Wochentakt gewechselt werden. Eine dauerhafte Beziehung und Familie wären diesem Lebensstil nur hinderlich. Sowohl Ehe als auch Kinder gelten als ‚alt', da sie nach außen markieren, dass man erwachsen geworden ist. Darüber hinaus stellt die Familiengründung einen Einschnitt im Leben jedes Menschen dar, weil damit die Verantwortung für ein neues Leben einhergeht. Doch vor Verantwortung versucht der Berufsjugendliche zu fliehen.

Gehen die Kind-Erwachsenen dennoch eine feste Beziehung mit Kindern ein, wollen sie auch als frischgebackener Vater oder Mutter weiterhin «jung» sein. Sie versuchen deshalb, ihren bisherigen Lebensstil, soweit es geht, fortzuführen: Zum nachmittäglichen Kaffeetrinken mit der Freundin schleppt die Mutter das Kleinkind mit ins Café, und abends feiert es zusammen mit den Eltern und deren Freunden eine Party. Verbote gibt es kaum, denn die modernen Eltern haben Angst davor, von ihrem Nachwuchs zurückgewiesen zu werden. Sie passen stattdessen ihr Verhalten dem ihres Kindes an, um dessen «bester Freund/beste Freundin» zu werden, und erziehen es sonst nach den Regeln des eigenen Verhaltensmusters: Traditionelle Werte, die ihnen bereits nicht mehr übermittelt wurden, ersetzen die jungen Eltern durch Markenprodukte und ihre Werbebotschaften. Für das Glück ihres Kindes halten sie den Kauf dieses Bettes oder jener Designerjeans für unabkömmlich. Später, wenn das Kind beginnt, eigene Wünsche zu äußern, geben sie jeder Laune des «süßen kleinen Fratzes» nach, denn er soll schließlich glücklich sein. Wenn die Eltern einmal wirklich neinsagen müssen, wird die Entscheidung von einem Schwall niemals endender Erklärungen und Entschuldigungen begleitet. Die Eltern hoffen, so einen offenen Konflikt mit ihrem Sprössling zu vermeiden und irgendwann die Zustimmung des Kindes zu ihrer «autoritären» Entscheidung zu erhalten. Das Kind wiederum entwickelt sich in einem solchen sozialen Umfeld zu einem kleinen Tyrannen, der sich sehr schnell daran gewöhnt, dass Eltern und häufig auch Großeltern ihm jeden Wunsch von den Lippen ablesen. Bei dem geringsten Anzeichen von Widerstand gegen seine momentanen Wünsche und Gelüste bekommt das Kind eine Krise. Um das «arme, unglückliche» Kerlchen wieder «glücklich und zufrieden» zu sehen und um die familiäre Harmonie aufrecht zu erhalten, geben die Eltern und Großeltern meistens sofort den kindlichen Wutausbrüchen nach. Auf die Dauer wird durch die Weigerung der Erwachsenen, ihre Rolle als Erzieher des Kindes wahrzunehmen, das tyrannische Kind darin bestärkt, sich als «Chef» der Familie zu fühlen, dem die Erwachsenen, die sich nicht als solche benehmen, Gehorsam zu zollen haben. Damit entmachten sich die eigentlich Erziehungsberechtigten selbst und verlieren immer mehr Möglichkeiten, erzieherischen Einfluss auf das Kind auszuüben. Laut Marc Le Bris[9] , einem französischen Grundschullehrer und Bestsellerautor[10], hat das Phänomen der «kleinen Kaiser» in Großbritannien solche Dimensionen erreicht, dass dort inzwischen in fast vier Fünfteln aller englischen Innenstadtrestaurants Familien mit Kindern unerwünschte Kundschaft sind. Le Bris hat zudem beobachtet, dass die meisten Eltern der Ty-

[9] *Alle Äußerungen Marc Le Bris‘ gehen auf ein Telefonat zurück, das die Autorin am 26.3.2016 mit ihm führte.*

[10] *Marc Le Bris: Et vos enfants ne sauront pas lire… ni compter, Stock 2004; Marc Le Bris: Bonheur d‘école, JC Gawsewitch 2009*

rannei ihrer Kinder hilflos gegenüberstehen. «Die familiären Traditionen sind im Bereich der Erziehung unterbrochen worden. Die jungen Eltern haben von den elementarsten Dingen keine Ahnung mehr. Folglich sind sie beeinflussbar und saugen alle Moden der Pädagogik auf.» Doch seit mehr als 40 Jahren verteufeln die Pädagogen erwachsene Autorität und wohlmeinende Strenge. Kinder sollen sich frei entwickeln dürfen.

«Doch um die Freiheit nutzen zu können, müssen die Kleinen vorher von den Erwachsenen lernen, was Freiheit ist», glaubt Le Bris. Ohne eine grundlegende Erziehung zum rechten Gebrauch von Freiheit seien Kinder nicht einmal in der Lage, ihre Grundbedürfnisse zu befriedigen. «Sie können das anschaulich bei McDonald‘s erleben: In den meisten Fällen sind es die Kinder, die dort essen möchten. Doch sind sie erst einmal im Inneren und haben die Spielecke mit den bunten Klötzen, Rutschen etc. entdeckt, vergessen sie völlig, dass sie Hunger hatten. Am Ende essen sie nichts!» Le Bris schließt daraus, dass die totale Freiheit Kinder dazu verführen kann, ihre eigenen Grundbedürfnisse zu verleugnen! Die gegenwärtige Tendenz der Gesellschaft, Kinder unter dem Deckmantel der Freiheit nicht mehr zu erziehen, hält der Grundschullehrer deshalb für eine Katastrophe: «Es kommt einem im Stich Lassen und einer Verwahrlosung gleich, wenn man ein Kind nicht mehr mit den Folgen seines Verhaltens konfrontiert. Ein großer Teil der Kinder leidet darunter, dass ihnen die Erwachsenen keine Grenzen mehr setzen. Ein Teil der Kinder wird davon richtiggehend krank!»

Kommt das verwöhnt-tyrannische Kind, das keine Grenzen kennt, in den Kindergarten oder die Schule, wo es auf andere, ebenso verwöhnt-tyrannische Kinder oder auf Erzieher und Lehrer trifft, die einen gewissen erzieherischen Anspruch haben, sind Konflikte vorprogrammiert. Le Bris beschreibt die Situation so: «Die Kinder haben aufgrund nie erlebter Frustrationserlebnisse ein Defizit, sich selbst zu kontrollieren. Deshalb können sie auch nicht ihre Triebe beherrschen. Die Folge davon ist, dass schon die kleinen Schüler ein latentes Gewaltpotential in sich tragen, das in der Schule bei der kleinsten Nichtigkeit zum Vorschein kommen kann.» Die Analyse des amerikanischen Psychologen Kenneth A. Dodge von der Duke University geht in eine ähnliche Richtung: Seiner Erkenntnis nach sind die Gewaltausbrüche ein Zeichen von fehlender emotionaler Bildung. Ohne dass es dafür eine reale Grundlage gebe, betrachteten die Aggressoren andere Kinder als Gegner und interpretierten deren Verhalten als feindselig und aggressiv. Beim geringsten Reiz schlügen sie deshalb ‚zurück'[11].

Bei den Opfern hinterlassen die Gewalterfahrungen Narben. Viele fressen aus Scham ihre Frustration über Jahre in sich herein. Laut einer britischen Langzeitstudie von 2015 gehen mindestens 30 Prozent aller Depressionen bei Erwachsenen auf körperliche oder/und psychische Gewalterfahrungen in der Kindheit und Jugend zurück. Eine US-Studie von 2012 hatte bereits schwere Krankheiten, Unstetigkeit im Berufsleben und reduzierte Sozialkontakte als Langzeitfolgen von Mobbing ausgemacht. Es gibt jedoch auch einige Fälle von Mobbing-Opfern, die einen regelrechten Hass auf ihre Mitmenschen entwickelten und später selbst zu Gewalttätern wurden, wie z. B. die Amokläufer von Emsdetten und Kaujahoki. Gewalt kann also im schlimmsten Fall neue Gewalt verursachen. Doch in den meisten Fällen leiden die Opfer still vor sich hin.

[11] *Kenneth A. Dodge: Emotion and Social Information Processing in: J. Garber, K. Dodge: The Development of Emotion Regulation and Dysregulation, Cambridge University Press 1991*

In der Schule wird das Gewaltproblem durch die sogenannte moderne Pädagogik (globale, konstruktivistische und dekonstruktivistische Methoden) noch akzentuiert: Nach Le Bris' Beobachtungen stellen die modernen Methoden die Autorität des Lehrers gezielt in Frage. Er ist nicht mehr der Erzieher der Schüler, der ihnen Wissen und Werte vermittelt, sondern eine Art Moderator, an den sich die Schüler wenden können, falls und wenn sie dies wünschen. Damit wiederhole sich in der Schule der häusliche Erziehungsfehler: Die Erwachsenen nähmen nicht mehr ihre erzieherische Aufgabe wahr und verzichteten freiwillig auf die Ausübung ihrer Autorität. «Wenn Sie die Kleinen nicht mit Güte und Strenge lenken, dann kommt es zu Unruhe und Chaos in der Klasse. Die Kinder verhalten sich wie eine Hundemeute, es kommt zu einer allgemeinen Erregtheit, die alle stört, aber aus der sich die Kinder nicht selbst befreien können, da sie noch nicht in der Lage sind, ihre Aktivitäten selbst zu erfinden.» Eine gesunde Portion Autorität des Erwachsenen dagegen schütze mindestens zwei Drittel der Schüler einer Klasse vor eben dieser Unruhe und allgemeinen Erregung.

Doch nicht nur die fehlende Autorität der Lehrer fördert die schulische Gewalt. Auch die fehlende oder unsystematische Wissensvermittlung der modernen Pädagogik und ein dadurch verkümmertes intellektuelles Niveau in den Schulen sind den Gewaltexzessen dienlich. Gilbert Castellanet, ein ehemaliger Richter und Vorsitzender der Lobbygruppe ‚Lire-Ecrire', die für die Wiederherstellung des traditionellen Bildungssystems in Frankreich kämpft, erklärt dazu: «Die Gewalt in den Schulen steigt in dem Maße, in dem man das Lernniveau absenkt, um eine größere soziale ‚Gleichheit' zu erzielen. Durch den Verzicht, die Schüler mit anspruchsvollen Texten und Redaktionsaufgaben zu konfrontieren, verkümmert ihr Vokabular genauso wie ihre Fähigkeit zum analytischen Denken. Stattdessen befindet sich das Gehirn der Schüler in einem permanenten Chaoszustand. Bei immer mehr Schülern führt dies dazu, dass sie mit der Faust ausdrücken, was sie mit Worten nicht mehr sagen können.»[12] Marc Le Bris bestätigt diese Beobachtungen. Doch er geht noch einen Schritt weiter: «Die gesellschaftliche Fokussierung auf den Schulversager ist extrem problematisch. Früher hatte der gute Schüler eine Art Vorbildfunktion, heute müssen sich die guten Schüler den schlechten anpassen, um in der Schule zu überleben. Und die schlechten Schüler sind nun einmal meistens die gewalttätigsten. Das Resultat ist, dass der Unterricht im Collège, der für alle verpflichtenden Mittelschule in Frankreich, aufgrund der Gewalt manchmal mehr dem Unterricht im Gefängnis ähnelt.» Laurent Lafforgue, ein mit der Fields Medal ausgezeichneter Mathematiker von Weltrenommee, gibt ebenfalls den pädagogischen Experimenten in der Schule eine starke Mitschuld an der z. T. ausufernden Gewalt: «Die neue Schule, die mit dem Ziel geschaffen wurde, Frieden zu schaffen, erweist sich als extrem konfliktträchtig. Es gibt unglaublich viel Gewalt zwischen den Kindern und Jugendlichen, jeder ist gegen jeden. Daneben gibt es noch die Gewalt, die den Lehrern von den Schülern zugefügt wird. Wir wollten eine Schule des Friedens und nicht mehr des Wissens, das Resultat davon ist eine Schule ohne Frieden, in der man nichts mehr lernt.» Doch weshalb hat die Nivellierung nach unten solch katastrophale Folgen für die Schule? «Weil eine Sache umso perverser wird, je mehr man sie entgegen ihrer Natur erzwingen will», glaubt Lafforgue. «Man kann die Realität nicht willkürlich verändern.»

Verantwortlich für die schulische Misere ist nach Meinung von Le Bris die ideologische Fokussierung der modernen Pädagogik

[12] *Gilbert Castellanet in einem persönlichen Gespräch mit der Autorin am 25.3.2016*

auf Jean Jacques Rousseaus Philosophie und vor allem seinen Erziehungsroman «Emile». In dem Werk postuliere Rousseau die ursprüngliche Reinheit des Kindes, die erst durch den schädlichen Einfluss der Erwachsenen zerstört werde. Die moderne Pädagogik orientiere sich an dieser Idee und versuche deshalb, das Kind aus dem Einfluss erwachsener Erzieher zu «retten». Als Folge hätten Erziehung und Wissensvermittlung einen reaktionären Beigeschmack erhalten. An ihre Stelle sei das Spielerische getreten, das die Rolle des Erwachsenen auf die eines Statisten im freien Lernprozess des Kindes reduziere.

Jean-Paul Brighelli, ebenfalls ein Lehrer und Bestsellerautor[13], sieht die infantilisierte Gesellschaft und insbesondere die Eltern der Schüler als eines der Hauptprobleme der schulischen Gewalt. In der Mentalität vieler Eltern sei es an der Schule, sich um ihr Leben und ihre Prioritäten herum zu organisieren, nicht andersherum. Brighelli legt das an mehreren Beispielen dar: «In meiner Schule haben wir das Mitbringen von Handys verboten. Damit beendeten wir das Problem, dass Schüler im Unterricht heimlich Filmaufnahmen vom Lehrer machten oder ihre Kameraden auf der Toilette filmten. Wir brauchten viel Geduld, um den Eltern diese Maßnahme zu erklären, denn es erschien ihnen unzumutbar, ihr Kind aus dem Haus gehen zu lassen, ohne es jederzeit erreichen zu können. Es waren auch die Eltern, die sich am meisten über die Abschaffung des Samstagunterrichts freuten, denn das kommt ihrer Wochenendplanung sehr entgegen. Dass diese Reform zu Lasten anspruchsvoller Lehrplänen ging, ist ihnen egal.» Für Brighelli ist es deshalb auch nicht überraschend, wenn immer mehr Kinder mit einer reinen

[13] *u. a. Jean-Paul Brighelli, La Fabrique du crétin: La mort programmée de l'école, JC Gawsewitch 2005*

Konsumentenmentalität in die Schule kommen. Sie sehen nach seinen Erfahrungen in den Fächern ein Angebot, aus dem sie sich wie in einem Selbstbedienungsladen nehmen, was ihnen gefällt. «Ein Lehrer, der etwas anspruchsvoll ist, gilt bei den Schülern gleich als Tyrann und Störenfried. Die Eltern beschweren sich dann, weil sich ihre Kinder ‚tyrannisiert' fühlen.» Z. T. hetzen unreife Eltern sogar bereits ihre kleinen Kinder gegen die Autorität des Lehrers auf. Eine Grundschullehrerin aus einer beschaulichen westfälischen Kleinstadt berichtet beispielsweise von einem i-Männchen, das ihr auf die Aufforderung, ruhig zu sein, am dritten (!) Schultag entgegnete: «Ich lasse mir von Dir nichts sagen. Wenn Du mir noch einmal was sagst, holen meine Eltern einen Anwalt!» Es gibt inzwischen sogar ein paar ganz wenige Fälle, in denen eine Auseinandersetzung mit Eltern für den Lehrer tödlich endete[14]. Doch viel häufiger sind gewöhnliche verbale und/oder körperliche Attacken von Eltern auf Lehrer. In Frankreich gaben beispielsweise fast die Hälfte aller Schuldirektoren von Vor- und Grundschulen an, im Schuljahr 2012/13 verbal oder körperlich angegriffen worden zu sein. Nach einer anderen Studie aus dem gleichen Zeitraum sahen sich 35,8 Prozent der Lehrer Beleidigungen ausgesetzt, 17,1 Prozent hatten Drohungen erhalten, 14 Prozent wurden belästigt und 3,6 Prozent waren sogar geschlagen worden. Das Motiv ist in der Regel nichts anderes als eine Unzufriedenheit mit der Behandlung des eigenen Kindes durch den Lehrer.

Narzissmus, Verblödung und Ghettokultur: Die alltägliche Gewalt

Im Zuge des Wertewandels, der nach der 68er Revolution stattfand,

[14] *http://www.sueddeutsche.de/panorama/franzoesische-kleinstadt-albi-mutter-ersticht-lehrerin-vor-grundschuelern-1.2031304*

wurde überall im westlichen Kulturkreis dem Christentum, dem traditionellen Glauben der meisten Menschen, der Kampf angesagt. Um den Menschen aus seiner religiös bedingten ‚Unmündigkeit' zu befreien und ihn von den Vorteilen eines rein hedonistisch-materialistischen Lebensstils zu überzeugen, vertrieben die Revolutionäre und ihre Helfershelfer in Medien und Politik den christlichen Gott aus dem öffentlichen Leben. Doch sein Platz blieb nicht lange leer, es setzten sich neue Götter und Götzen an seine Stelle: Die Stars und Sternchen dieser Welt, deren Ruhm auf Selbstmarketing und geistiger Einfältigkeit beruht: Eine vulgäre Zurschaustellung von materiellem Reichtum, die Offenlegung der intimsten Dinge des Privatlebens, das konventionelle Übertreten der Grenzen des guten Geschmacks und das Spiel mit erotisch-pornographischen Elementen. Paradebeispiele für diese Art von ‚Göttern' sind u. a. Madonna, die mit über 50 Jahren immer noch spärlich bekleidet in Reizwäsche über die Bühne tobt, der Rapper Sean Combs alias Puff Daddy, der seinen Reichtum durch überdimensionierten, protzig-prolligen Diamantschmuck zur Schau stellt und sich in Gossensprache äußert, der Fußballer David Beckham, der zwar zweifelsohne über einiges Talent auf dem grünen Rasen verfügt, dessen Ruhm sich aber eher auf seine Selbstdarstellungskünste als metrosexuelle Modeikone gründet, oder die Hotelerbin Paris Hilton, die weltbekannt ist, weil sie einfach da ist, wo es Blitzlichtgewitter gibt. Die Liste ließe sich unendlich fortsetzen. Der Pfarrer von Ars lag offensichtlich mit seiner Analyse gar nicht so falsch, als er vor 150 Jahren erklärte: «Lasst ein Dorf 20 Jahre lang ohne Priester, und die Leute werden die Tiere anbeten.»

Der Mensch scheint also eine Grundsehnsucht nach kultischer Verehrung zu haben. Durch die bewusste Zerstörung des Bildungssystems und die Zurückdrängung des Christentums nicht nur als

Religion, sondern auch als Kulturträger gelang es den 68er Revolutionären zwar, den postmodernen Menschen zu schaffen, eine wurzellose, kulturlose und ahistorische Kreatur, die sich ausschließlich dem Konsum und der Befriedigung ihrer Begierden widmet, doch schafften sie es nicht, ihm die religiös-kultische Grundsehnsucht vollends auszutreiben. Die Stars, die es sich aufgrund ihres Reichtums leisten können, ganz so zu leben, wie es sich der ‚homo consumens' erträumt, bieten sich ihm als Kultobjekte geradezu an. Sie präsentieren ultimativ den sozialen Aufstieg und Erfolg, da sie reich und berühmt sind, keinen materiellen, ethischen oder gesellschaftlichen Zwängen unterliegen und sich scheinbar alles erlauben können. So möchten eigentlich alle sein. Es ist deshalb auch kaum verwunderlich, dass immer mehr Jugendliche davon träumen, Topmodel, Rockstar oder Profifußballer zu werden, denn dies scheint der sicherste und vor allem leichteste Weg zu Reichtum, Ruhm und Anerkennung zu sein.

Die Jugendlichen und Kind-Erwachsenen eifern ihren Stars deshalb in allen Lebensbereichen nach. Sie inszenieren sich in den sozialen Netzwerken auf Fotos in Posen wie ihre berühmten Vorbilder und scheuen auch häufig vor erotischen Bildern oder sogar Nacktaufnahmen nicht zurück. Dank Photoshop und anderen Fotoretouchierprogrammen werden ihre Körper auf den Fotos so makellos wie die der Stars in der Yellow Press. Auch legen die Jugendlichen immer mehr Details aus ihrem Privatleben in den sozialen Netzwerken dar. Die allgemeine Schamgrenze sinkt stetig, während die allgemeine Primitivisierung und Verrohung kontinuierlich steigt. Dadurch machen sich viele junge Menschen unbewusst, aber freiwillig immer verletzlicher für die Avancen von Pädophilen und anderen Perversen sowie für Cybermobbing, die dank Internet anonyme Diffamierung oder Belästigung durch andere Mitglieder des sozialen Netzwerkes. Doch das ist noch nicht alles: Eine obszön-vulgäre Selbstdarstellung kann sich unter Umständen noch Jahre später negativ auf den Einstieg ins Berufsleben auswirken. Internet vergisst nämlich nichts und legt jede ‚Jugendsünde' auch noch Jahre später offen. Doch was sind schon solche Bedenken gegen die kurzweilige Lust, sich selbst zu inszenieren wie ein Star, oder einem unbeliebten Klassenkameraden oder Arbeitskollegen eins auszuwischen? Die Stars und Sternchen verhalten sich schließlich nicht anders: Komiker Oliver Porcher und seine (inzwischen Ex-)Frau Sandy beispielsweise lästern öffentlich via Twitter über Ex-Tennisstar Boris Becker, Sandys Ex, und dessen aktuelle Frau Lilly, die wiederum auf demselben Niveau antworten. Eine peinlich-primitive Schlammschlacht hält die Öffentlichkeit in Bann, und selbst die ‚seriöse' Tagespresse berichtet en Detail über die neuesten Entwicklungen dieses Prollo-Krieges…

Dies ist nur ein Beispiel von vielen, welches die Entwicklung des Internets zum bevorzugten Schauplatz des Austragens privater Differenzen, des Auslebens von Gewaltphantasien und der Selbstinszenierung zum Helden illustriert. Laut einer Studie der Techniker Krankenkasse und der Uni Münster von 2011 gaben 21 Prozent der Befragten zu, im Internet als Mobbing-Täter aktiv zu werden, und 32 Prozent, in NRW sogar 36 Prozent, der Jugendlichen und jungen Erwachsenen erklärten, schon von Belästigungen im Internet betroffen gewesen zu sein. Das Cybermobbing ist für viele Opfer noch schwerer zu ertragen als ‚konventionelles' körperliches Mobbing, denn die falschen Behauptungen, kompromittierenden Bilder und vulgären Beschimpfungen vor der gesamten Netzöffentlichkeit stellen eine extreme Demütigung dar. Und da Internet nichts vergisst und keine zentrale Autorität hat, gibt es für die Opfer auch kaum Möglichkeiten, die erlittene Schande auszulöschen. Die Folgen sind wie beim körperlichen Mobbing z. T. schwere Depressionen bis hin zum Selbstmord und psycho-somatische Störungen. Für die Täter bildet die Anonymität des Netzes dagegen einen idealen Schutzraum. Sie können so fernab sozialer Kontrollmechanismen und ohne große Gefahr, erkannt zu werden, ihre niedersten Instinkte ausleben und ihre Macht über das hilflose Opfer öffentlichkeitswirksam zelebrieren. Besonders schlimm ist, dass es zu manchem Mobbing weniger aufgrund echter Konflikte oder aufgrund extremer Antipathie kommt, sondern einfach nur aus einer sadistischen Lust am Quälen eines wehrlosen Opfers.

Beim Cybermobbing wird das Opfer in den meisten Fällen mit einer versteckten Handycamera in einer intimen Situation, wie z. B. auf der Toilette oder in der Umkleidekabine nach dem Sportunterricht, gefilmt. Die so erhaltenen Bilder oder Filme werden dann in die sozialen Netzwerke oder YouTube gestellt und mit allen Cyber'freunden' geteilt. Erniedrigende Kommentare bezüglich des Körpers des Opfers oder sexistische und homophobe Beleidigungen begleiten den unfreiwilligen Internetauftritt meistens. Eine andere Masche besteht darin, die Opfer selbst unter Anrufung ihrer narzisstischen Instinkte zur Herausgabe von erotischen Fotos oder Filmen von sich zu bewegen. Die vermeintlichen ‚Freunde' verschicken dann das kompromittierende Material an den gesamten Bekanntenkreis und die Bekannten der Bekannten... Laut einer aktuellen britischen Studie berichten über die Hälfte der Lehrer, dass die Schüler über ihre Handys sogenannte ‚Sextings', MMS mit sexuellem Inhalt, verschicken – z. T. schon ab dem Alter von sieben Jahren. Weitverbreitet unter Kindern und Jugendlichen ist demnach auch die Praxis, erotische Fotos von sich an unbekannte Erwachsene zu schicken. Von dieser sexuellen Verwahrlosung profitieren die Pädophilen, die das Internet dazu nutzen, um ihre zukünftigen

Opfer zu ‚verführen'. Es wird zudem angesichts solcher Praktiken immer schwieriger, die Grenzen zwischen Opfer und Täter klar zu definieren. Viele junge Leute werden nämlich nur aufgrund ihres übersteigerten Narzissmus einerseits und ihres Mangels an Schamgefühlen, entstanden aufgrund des Fehlens von Werten wie ‚richtig' oder ‚falsch', andererseits, zu Opfern des Cybermobbing. Sie bieten sich ihren zukünftigen Peinigern selbst an, zwar unbedarft und ohne die Konsequenzen vorauszusehen, aber freiwillig.

Doch das Internet bietet nicht nur sexuellen Gewalttätern und erotischen ‚Hobbydarstellern' die große Bühne, auch sämtliche andere Formen von brutalem ‚Heldentum' lassen sich dort für die Ewigkeit festhalten. Die ‚Jeunesse dorée', die Kinder aus reichem Hause, dokumentiert in den sozialen Netzwerken schamlos ihren Reichtum in Film und Bild und lässt sich in Designerkleidung beim Komasaufen aus Magnum-Champagnerflaschen oder beim Verbrennen von großen Geldscheinen ablichten. Die jungen Leute eifern mit diesem Verhalten ihren neuen Göttern, den Neureichen aus der sozialen Unterschicht nach: millionenschwere Rockstars, die im Rausch Hotelzimmer auseinandernehmen, Fußballer, die in Luxussportwagen die Geschwindigkeitsbegrenzung um ein Vielfaches überschreiten, mit klobigen Diamanten und Brillanten behängte Rapper, die in vulgärster Gossensprache ihrem Hass auf die ‚bessere Gesellschaft' freien Lauf lassen etc. Wie bei den Stars liegt auch bei der reichen Jugend der einzige Sinn des narzisstisch-vulgären Verhaltens darin, den eigenen Reichtum und damit die eigene Bedeutung zu zeigen. Dass sich sehr viele Menschen, die weniger begütert sind, durch die provokante Selbstinszenierung vor den Kopf gestoßen fühlen könnten, stört sie nicht im Geringsten, sondern bestärkt sie eher noch in ihrer Selbstwahrnehmung als Übermenschen, für die nicht die gleichen Gesetze gelten wie für die ‚Normalsterblichen'. In einer egalitaristischen und dennoch habgierig-materialistischen Gesellschaft ruft solch ein protzig-exhibitionistisches Verhalten der Reichen Hass, Wut und Neid, aber gleichzeitig auch Bewunderung und Respekt hervor, denn letztlich träumen sehr viele junge Menschen von dieser Art des konsumorientierten Luxuslebens.

Das Fernsehen unterstützt den gesellschaftlichen Trend von vulgärer Selbstdarstellung und öffentlicher Erniedrigung nach Kräften: Besonders die Privatsender liefern sich einen knallharten Wettbewerb mit Castingshows, in denen sich junge Leute (meistens aus der Unterschicht) präsentieren, die davon träumen, ein Star zu werden. Vielfach klaffen die wirklichen Fähigkeiten und die Selbstwahrnehmung der Kandidaten auf recht drastische Weise auseinander. Auf der Jagd nach den besten Quoten präsentieren die Sender den voyeuristischen Zuschauern die peinlichsten Momente der Kandidatenvorauswahl, damit sich die gesamte Republik über Möchtegern-Sänger, -Models und -Tänzer lustig machen und sich an brutalen und erniedrigenden Kommentaren von Juroren wie Ober-Prollo Dieter Bohlen ergötzen kann. Dieses Schema wird in den daran folgenden Wettbewerbsetappen beibehalten. Die Sender versuchen nach Kräften, die Kandidaten wie echte Stars zu vermarkten und ihnen klischeehafte Charaktere zu verleihen, die sie in der Öffentlichkeit bis in die intimsten Details hinein darstellen sollen. Je vulgärer und primitiver, desto besser für die Quote. Und so schnell wie die Sternchen für ein paar Stunden ganz hoch am Firmament flackern dürfen, so schnell verschwinden sie nach Ende der Castingshow wieder in den Untiefen der Bedeutungslosigkeit – allerdings um ein paar peinlich-exhibitionistische Erfahrungen reicher.

Nirgendwo manifestiert sich die Lust auf Ruhm, Macht, Geld und grenzenlosen Konsum besser als in den Ghettos der westlichen

Großstädte: Die dort lebenden Jugendlichen und jungen Erwachsenen, die größtenteils außereuropäischen Ursprungs sind, stellen so etwas wie den Prototypen des ‚homo consumens': Sie wachsen häufiger als ihre Altersgenossen aus bürgerlicheren Vierteln in zerrütteten Familien auf und bekommen von zu Hause entweder kaum Werte vermittelt, oder aber die archaischen Werte der Heimatländer ihrer Eltern: männliche Vorrechte, Sippen- oder Clanehre, die Vorherrschaft des Stärkeren etc. Da auch in der (staatlichen) Schule weder Werte noch Kultur vermittelt werden, befinden sich diese jungen Menschen weitestgehend in einem absoluten Wertevakuum. Der Alltag in den Vierteln ist durch Arbeitslosigkeit, Armut und Gewalt geprägt, und der allgemeine Bildungsstandard ist sehr niedrig. Gleichzeitig sind die jungen Menschen tagtäglich mit dem Hyperkonsum und dem relativen Wohlstand der Mehrheitsgesellschaft konfrontiert. Sie sehen auch, dass es der eine oder andere aus ihrem sozialen Milieu entweder als Fußballer oder Rapper zu großem Reichtum gebracht hat und träumen von einer ähnlichen Karriere. Doch zugleich registrieren sie, dass sich dieser Traum für die wenigsten von ihnen erfüllt. Da sie aufgrund ihres niedrigen Bildungsniveaus auf dem legalen Arbeitsmarkt keine Chancen haben, eine gutbezahlte Stelle zu finden, bleiben ihnen nur illegale Aktivitäten, um dennoch zu Geld, Ansehen und Ruhm zu kommen.

Die Bandenchefs verfügen über Reichtum, den sie durch äußere Zeichen wie den Besitz eines Luxusautos oder das Tragen von Kleidung bestimmter Edelmarken demonstrieren. Da sie ihr Geld durch kriminelle Machenschaften und Gewaltanwendung erworben haben, werden sie von den Bewohnern des Viertels gefürchtet und respektiert. Reichtum ist in diesem Milieu gleichbedeutend mit Gewaltbereitschaft, die mit Macht und Ansehen einhergeht. Die Folge dessen ist, dass sich die jüngeren Bandenmitglieder einen unerbittlichen

Kampf liefern, um sich ‚den gewissen Ruf' zu verschaffen, der ihnen zu Reichtum verhelfen wird. Die Frage nach der Verhältnismäßigkeit der Mittel zur Durchsetzung eigener Interessen stellen sich die Nachwuchsgangster kaum noch. Der französische Abgeordnete Nicolas Dhuicq, von Hause aus klinischer Psychiater, bestätigt diesen Wertewandel im Kriminellenmilieu: «Wenn mir zu meiner Zeit als Assistenzarzt Gefangene vorgestellt wurden, sagten diese immer, sie seien unschuldig. Sie wussten, dass sie etwas verbrochen hatten und hatten ein schlechtes Gewissen. Heute dagegen sagen die Gefangenen sofort, dass sie schuldig sind, aber sind nicht mit der Strafe einverstanden. Sie haben keinen Zugang mehr zur Frage nach dem Guten und Bösen. Ein Mord wird in ihrem Weltbild durch ein Jahr Gefängnis abgegolten, denn das menschliche Leben hat keinen Wert mehr an sich.»[15]

Besonders eindrucksvoll lässt sich diese allgemeine Verrohung am Beispiel der berühmt-berüchtigten Nordviertel von Marseille, Europas Kriminalhauptstadt, aufzeigen. Seit einigen Jahren explodiert dort die Gewalt. Immer häufiger werden Kleindealer für immer nichtigere Summen von Auftragskillern rivalisierender Banden auf offener Straße mit Kriegswaffen erschossen. Die Polizei steht dem Bandenkrieg machtlos gegenüber. In der Fernsehdokumentation «Zone interdite: Le business du shit»[16] erklärt ein Kriminalpolizist resigniert, dass es keine realistischen Möglichkeiten gibt, die Gewaltexzesse in der Stadt unter Kontrolle zu bringen: «Das Einkommen, das die jungen Leute durch den Verkauf von Drogen erzielen, könnten sie niemals durch Schulbesuch oder auf dem legalen Arbeitsmarkt erreichen.» Die Banden profitieren von der allgemeinen Gier

[15] *Weltwoche 3/2015, S. 26ff.*

[16] *Sendung vom 23.9.2012, auf M6*

nach VIEL Geld und rekrutieren schon Grundschulkinder für die niedersten Aufgaben im ‚Business': Diese Kinder spähen von nachmittags bis spät in die Nacht unbekannte, d. h. verdächtige Fahrzeuge und Personen aus, die sich dem Bandenrevier nähern und melden dies per Handy weiter. Die Eltern, häufig alleinerziehende Mütter, die am Existenzminimum leben, lassen laut Auskunft der Sozialarbeiter ihre Kinder gewähren. Schließlich verdient ein Späher schon an die 800 – 900 Euro pro Monat, die in der Familienkasse durchaus willkommen sind. Den Banden sind die kindlichen Späher sehr wertvoll, denn sie können rechtlich nicht belangt werden. Für die Kinder wiederum ist es der Einstieg in die kriminelle Profikarriere: Die Schule interessiert sie nicht mehr, und mit den Jahren rücken sie in immer höhere Positionen innerhalb der straff organisierten Banden auf. Proportional zur ‚Dreckigkeit' ihrer ‚Arbeit' steigt ihr Einkommen und damit ihr Ansehen im Viertel. Ein Bandenmitglied auf der mittleren ‚Geschäftsebene' erklärt dazu: «Ich verdiene im Monat zwischen 6000 und 7000 Euro. Ich verkaufe Shit, Waffen, im Prinzip alles, was Geld bringt. Was das genau ist, ist mir egal.» Nur Geld zählt. Eine seit langem im Viertel tätige Sozialarbeiterin beschreibt die vorherrschende Mentalität so: «Ich nenne sie Generation Oberfläche. Es zählt in ihrem Leben nichts außer die äußeren Symbole von Reichtum. Selbst wenn sie sich darüber beklagen, gegenüber der Konsumgesellschaft benachteiligt zu sein, so sind sie doch ein pures Produkt genau dieser Gesellschaft. Sie haben keinerlei Werte und treiben die Logik des Konsums als Lebensinhalt auf die Spitze. Für sie ist es ein Recht zu konsumieren, das man ihnen ungerechterweise vorenthält.» Die kriminellen Jugendlichen sehen sich selbst also gar nicht unbedingt als Täter, sondern vor allem als Opfer einer ungerechten Gesellschaftsordnung. Diese Sichtweise und damit die Weigerung, Verantwortung für das eigene Tun und das der Kinder zu übernehmen, wird in den meisten Familien geteilt: In der Dokumentation wird eine Frau vorgestellt, die versucht, die Mütter des Viertels davon zu überzeugen, es ihr gleichzutun und ihre Söhne bei den ersten Anzeichen von kriminellem Verhalten bei der Polizei anzuzeigen, damit sie sofort sanktioniert werden und somit sich vielleicht noch eines Besseren besinnen. Doch von den circa 20 anwesenden Frauen sind nur ein oder zwei eventuell bereit, genauso zu handeln. Die anderen fühlen sich nicht wirklich zuständig und beklagen sich stattdessen über eine Art soziale Segregation. Anstelle selbst erzieherisch tätig zu werden, verlangen sie vom Staat, dass er in ihrem Viertel auch ‚normale' Familien ansiedelt. In ihrem Weltbild sind ihre Kinder nur deshalb in die Kriminalität abgerutscht, weil ihnen der Staat und die Gesellschaft das Zusammenleben mit Menschen aus nicht-kriminellen Milieus vorenthalten…

Zunehmend wird Gewalt in Ghettos wie den Marseiller Nordvierteln allerdings nicht nur zur Sicherung von ‚Geschäftsinteressen' eingesetzt. Der jugendliche Mob sucht auch aus purer Langeweile oder um sich selbst darzustellen gewalttätige Auseinandersetzungen mit rivalisierenden Banden oder den Ordnungshütern. Im Rap, der wohl beliebtesten ‚Musik'richtung in den Problemvierteln, werden Gewaltakte systematisch glorifiziert und als eine legitime ‚Interessensverteidigung' der eigenen Rechte dargestellt. Viele der diamantengeschmückten Rapper sind ‚alte Bekannte' der Polizei, was ihr Prestige bei den Jugendlichen nur noch erhöht. Und so wie sich die Rapper in Videos als siegreiche Helden über die unterdrückende Staatsmacht oder über rivalisierende Banden feiern, so inszeniert sich die Ghettojugend als heldenhafte Stadtguerilla.

Wenn sie Streifenpolizisten in einen Hinterhalt locken, sie mit Steinen, Flaschen u. ä. angreifen und sie schließlich aus ihrem ‚Revier' vertreiben, wird dies immer filmisch im Internet dokumentiert. Das verschafft im Viertel und bei rivalisierenden Banden Ansehen und Macht, und bringt in das monotone Dasein der jungen Leute Abwechslung.

Das Lebensende: Euthanasie als ‚saubere' Lösung, um unnützes Leben zu beseitigen

Allen Kulturen gemeinsam ist, dass sich über Generationen hin bestimmte Sitten und Bräuche entwickelt haben, die es den verschiedenen Völkern erlauben, mit Krankheit und Tod als elementarem Ereignis des menschlichen Lebens umzugehen und Trauer und Abschied zu bewältigen. Doch die moderne Wohlstandsgesellschaft hat mit dieser Tradition gebrochen. Die Existenz von Krankheit und Tod wird weitestgehend aus dem öffentlichen Leben verdrängt, um nicht die allgemeine gesellschaftliche «Wohlfühlidylle» zu stören. Für das Individuum ergeben sich daraus weitreichende Konsequenzen, vor allem wenn es sich um einen gebrechlich und/oder krank gewordenen Berufsjugendlichen handelt. Dieser hat, wie die meisten seiner Zeitgenossen, sein gesamtes Leben damit verbracht, vor einer Auseinandersetzung mit den unschönen und traurigen Momenten des Lebens, wie Krankheit und Tod, zu fliehen. Existentielle Fragen hat er durch Konsum, Spaß und niemals endende Freizeitaktivitäten unterdrückt. Doch irgendwann ist die Flucht vor dem eigentlichen Drama der menschlichen Existenz, dem unausweichlichen eigenen Tod, nicht mehr möglich. Der infantile Erwachsene verfällt deshalb angesichts der ersten Anzeichen körperlichen Verfalls in eine Depression. Er sieht, dass sein bisheriger Lebensstil nicht aufrecht zu erhalten ist und unwiederbringlich der Vergangenheit angehört. Doch die Zukunft, die unweigerlich nur eine weitere Stufe in Richtung Verfall darstellt, kann er nicht akzeptieren. Der Gedanke, ein alter und kranker Mensch zu sein, ist ihm unerträglich, denn nichts hat ihn auf diese Realität vorbereitet. Es ist für ihn ausgeschlossen, sich in sein Schicksal zu fügen und zu versuchen, dem Lebensabend noch etwas Positives abzugewinnen, denn der Sinn seiner Existenz liegt im oberflächlichen Vergnügen. Zudem hat er schlichtweg Angst vor dem Unbekannten, vor dem, was kommen wird. Sein bisheriges Leben war eine einzige sorglose Party, kleine Wehwehchen ließen sich mit Hilfe von Wellnessprogrammen kurieren. Doch diese Wohlfühltherapien erweisen sich nun als eine Illusion, die der Realität nichts entgegenzusetzen haben. Der nicht erwachsen gewordene Erwachsene steht deshalb vor einem schwarzen Loch und sucht verzweifelt nach einem Ausweg aus der Einbahnstraße des Lebens. Die Euthanasie als Erlösung von den Qualen des Lebensendes und als eine scheinbar selbstbestimmte Entscheidung, bis zum Ende Herr über das eigene Leben bzw. den eigenen Tod zu sein, erscheint deshalb immer mehr Menschen als DIE Antwort auf das Problem von Alter, Krankheit, Leiden und Tod. Doch ist dem wirklich so?

Die Ärztin Blanche Martineau[17], die in einer geriatrischen Einrichtung in Coublevie in der Nähe von Grenoble arbeitet, berichtet, dass die panische Angst vor dem Leiden und dem eigenen Tod für manche Menschen zu einer echten Tortur werden kann. Einige ihrer Patienten befinden sich in einer regelrechten Panik und finden über Monate keinen Schlaf. Dieser chronische Schlafmangel führt zu einer Verstärkung der Depression. Auf normale Schlaftabletten reagieren diese Patienten kaum noch. «Sie schlafen dann vielleicht zwei Stunden, doch dann sind die bösen Geister wieder da und rauben ihnen den Schlaf.» Um aus ihren höllischen Ängsten und Qualen befreit zu werden, wünschen sich viele Patienten nichts mehr als eine tiefe Sedierung bis zu ihrem irgendwann unausweichlich

[17] *In einem Gespräch mit der Autorin im Juni 2015*

eintretenden Tode. «Viele Patienten, die nicht einmal eine echte Krankheit haben, sondern sich nur im üblichen Alterungsprozess befinden, betteln mich förmlich an, sie aus ihren Qualen zu erlösen. Doch eigentlich ist dies ein Zeichen dafür, dass sie vor etwas auf der Flucht sind, dass sie etwas in ihrem Leben nicht richtig geregelt haben. Sie fliehen vor einer Konfrontation mit ihrem eigenen Leben, vor einer Konfrontation mit zwischenmenschlichen Konflikten, die sie Zeit ihres Lebens nicht lösen konnten oder wollten, und die nun wieder hochkommen. Vielleicht fliehen sie auch vor einer Konfrontation mit Gott, dessen mögliche Existenz sie während ihres Lebens für zweitrangig hielten und die ihnen nun angesichts des Todes Angst macht, weil sie ihr Leben nicht auf die Möglichkeit von Gottes Existenz ausgerichtet haben.» Für die behandelnden Ärzte ist es in einer solchen Situation immer eine delikate Fall-zu-Fall-Entscheidung, sich für oder gegen eine Sedierung zu entscheiden. Sie wollen selbstverständlich ihren Patienten unnötige körperliche Schmerzen und Leiden ersparen, doch gleichzeitig lehnt eine Mehrheit des medizinischen Personals die aktive Sterbehilfe, die in Frankreich zudem illegal ist, aus ethischen Gründen ab.[18] «Ist es wirklich ein Zeichen von Humanität, Menschen mit ihren ungelösten Problemen und Fragen in den schwersten Stunden des Lebens allein zu lassen? Müssten wir nicht eigentlich versuchen, ihnen zu helfen, mit sich und ihrem Leben ins Reine zu kommen?» fragt sich Martineau.

Diese Frage stellt man sich kaum noch in Belgien. Dort versuchte der Gesetzgeber bereits 2002 dem gesellschaftlichen Wandel im Umgang mit Krankheit und Tod gerecht zu werden und legalisierte die Sterbehilfe für Patienten, «die sich in einer medizinisch ausweglosen

[18] *Die Académie Nationale de Médicine sprach sich 2014 in einer Empfehlung an die sozialistische Regierung, die die Euthanasie legalisieren möchte, gegen die aktive Sterbehilfe aus. Der Ordre des Infirmiers positioniert sich ganz klar gegen die Euthanasie.*

Lage befinden und permanent unter unerträglichen körperlichen oder psychischen Schmerzen leiden, die nicht beseitigt werden können und die von einer schweren und dauerhaften Krankheit oder irreversiblen Unfallfolgen herrühren.»[19] Soweit der Gesetzestext, über dessen Einhaltung theoretisch eine Kontrollkommission wacht, deren Mitglieder allerdings größtenteils Aktivisten der Euthanasie-Lobby «Association pour le Droit de mourir dans la Dignité», kurz ADMD, (zu Deutsch: «Vereinigung für das Recht auf ein Sterben in Würde») sind. Dieser Interessenskonflikt, der der Kommission inhärent ist, führte bereits von Anbeginn an zu einer sehr großzügigen Auslegung der Gesetzeslage mit der Folge, dass noch nie ein Fall von Euthanasie gerichtlich untersucht wurde. Auch die rechtliche Verpflchtung, eine Euthanasie nur nach Vorlage eines positiven Zweitgutachtens eines anderen Arztes durchzuführen, erwies sich sehr bald als Augenwischerei: Die Ärzte, die Sterbehilfe durchführen, gründeten einen Interessensverband namens LEIF, der der ADMD angeschlossen ist. Auf diese Weise können sie sicher sein, für ein Gutachten immer einen gleichgesinnten Kollegen zu finden... Problematisch an der gesetzlichen Regelung ist auch, dass der Arzt, der die Euthanasie durchführt, den Fall selbst bei der Kontrollkommission melden muss. Es ist eher unwahrscheinlich, dass er ein Dossier entgegen den rechtlichen Kriterien ausfüllt, denn dies käme einer Selbstanzeige gleich... Eine große Anzahl von Ärzten hat darüber hinaus mehrfach öffentlich zugegeben, nicht alle Fälle von Sterbehilfe zu melden, teils aus ideologischen Gründen, teils aus Unmut über den bürokratischen Aufwand. Diesen Umstand leugnet auch die Kontrollkommission nicht: «Wir haben keine Möglichkeiten, das Verhältnis von offiziell deklarierten und in Wirklichkeit prak-

[19] *http://www.belgium.be/fr/sante/soins_de_sante/fin_de_vie/euthanasie, übersetzt von der Autorin*

tizierten Fällen von Euthanasie zu überprüfen.» Man kann deshalb ohne weiteres davon ausgehen, dass die realen Euthanasiezahlen die im letzten Bericht der Kontrollkommission angegebenen 3239 Fälle (1,5% aller belgischen Todesfälle) im Zeitraum von 2012-13 (+55% gegenüber den 2086 gemeldeten Euthanasiefällen des Zeitraums 2010-11) um einiges übertreffen. In den benachbarten Niederlanden wird in den offiziellen Berichten angegeben, dass die tatsächliche Anzahl von Euthanasie-Fällen 50% höher liegt als die der gemeldeten Fälle. Sind die wirklichen Zahlen in Belgien ähnlich?

Die Legalisierung der Sterbehilfe hat in Belgien seitens der Bevölkerung kaum zu Kritik oder Protest geführt. Sie hat im Gegenteil die gesellschaftliche Tendenz, Krankheit, Leiden und Tod aus dem Gedächtnis der Bevölkerung zu bannen, beschleunigt und den Wertewandel verstärkt. Heute entfallen bereits 65%, oder 2088 der 3239 gemeldeten Euthanasie-Fälle, auf die Bevölkerungsgruppe der 40-80Jährigen. Dr Timothy Devos, von der Hämatologie des Universitätskrankenhauses in Löwen, sieht in der Angst, von anderen abhängig zu werden, das Hauptmotiv für die Bitte nach Sterbehilfe. Er hat festgestellt, dass für die mittlere Generation, die stark von Krebsleiden betroffen ist, alleine der Gedanke, nicht mehr völlig autonom zu sein, unerträglich ist… selbst dann, wenn eine Heilung möglich ist. Die Banalisierung der Euthanasie hat seiner Meinung nach bei den Patienten das Gefühl verstärkt, ihre eigene Würde im Falle von körperlicher Gebrechlichkeit in Frage zu stellen. Die Idee, nach der derjenige, der leidet, eigentlich keinen Grund mehr hat zu leben, ist eine Art gesellschaftlicher Konsens geworden. Brutale Welt! Die Folge dessen ist, dass heute in Belgien Sterbehilfe in fast der Hälfte der Fälle aufgrund psychischen Leidens durchgeführt wird. Fälle wie der eines Transsexuellen, bei dem die Operation zur Geschlechtsumwandlung schiefging, und der sich deshalb euthanasieren ließ, oder der eines Sexualstraftäters, der unter der Verhängung einer 30jährigen Haftstrafe so litt, dass man ihm den Tod gewährte, sind nur die Spitze des Eisbergs. Im Falle des euthanasierten Häftlings kommt noch eine zweite makabere Komponente hinzu: Durch die Gewährung der Sterbehilfe als Alternative zu einer langen Gefängnisstrafe verschafft sich die offiziell gebannte Todesstrafe wieder durch die Hintertür Eingang ins belgische Strafsystem. Inzwischen haben mindestens zehn weitere Gefangene einen Antrag auf Euthanasie gestellt… Typisch für eine Euthanasie aufgrund psychischer Leiden ist der Fall einer ehemaligen Ärztin jenseits der 60, von dem eine Brüsseler Krankenschwester berichtet, die anonym bleiben möchte: Die Dame litt weder an einer schweren Krankheit noch an mehreren Krankheiten, sondern hatte lediglich ein Inkontinenz-Problem und begann etwas bettlägrig zu werden. Sie wollte euthanasiert werden, weil sie es nicht ertragen konnte, alt und eventuell eine Last für die anderen zu werden. Fälle wie dieser, der des Schriftstellers Hugo Claus, der sich aufgrund der ersten Anzeichen von Alzheimer euthanasieren ließ, oder der des Medizinnobelpreisträgers Christian de Duve, der sich vor den Spätfolgen eines Schlaganfalls fürchtete und deshalb seinem Leben ein Ende setzen ließ, fallen für die Kontrollkommission unter das gesetzlich festgelegte Kriterium des «dauerhaften und unerträglichen körperlichen und psychischen Leidens». Der Dekan der Juristischen Fakultät von Namur und Autor eines Buches über die belgischen Euthanasieerfahrungen[20], Etienne Montero, führt dazu aus: «Seit dem ersten Zweijahresbericht behauptet die Kommission, dass Leiden eine subjektive Auffassung ist. Doch wie kann man unter dieser Bedingung behaupten, dieses Kriterium kontrollieren zu können? Wie

[20] *Etienne MONTERO, Rendez-vouz avec la mort. Onze ans d'euthanasie légale en Belgique, Anthemis 2013.*

kann man wissen, ob man das Leiden nicht lindern oder gar beenden kann, wenn sich jemand allen palliativen oder psychiatrischen Maßnahmen verweigert? Der Kommission reicht es heute als Euthanasiegrund, wenn jemand angibt, an einem eventuellen zukünftigen Leiden zu leiden.» Vor diesem Hintergrund ist es nicht verwunderlich, wenn sich immer mehr Belgier rechtsgültig schon einmal vorsätzlich für eine spätere Euthanasie entscheiden: Zwischen 2012 und 2013 erhöhte sich die Anzahl von rechtsgültigen Vorsatzdeklarationen von 12 728 Fällen auf 15 279 Fälle. Für die Onkologin Catherine Dopchie, Chefin der Palliativabteilung des Krankenhauses Wallonie picarde in Tournai, ist diese inzwischen gesellschaftlich verankerte Zukunftsangst äußerst problematisch: «Welche Botschaft vermitteln wir der Jugend? Gegenwärtig lautet sie, es gibt im Falle von Angst immer einen Notausgang. Doch eine Person, die leidet, braucht Zuspruch und Unterstützung. Sie hat ein Bedürfnis danach zu fühlen, dass sie einen Wert an sich hat und nicht, dass sie für ihre Familie und die Gesellschaft eine Last ist.»

Dopchie konstatiert: «Die Euthanasie ist heute in Belgien eine Art alternative Therapie geworden, die mit der die Palliativmedizin konkurriert.» Als Beispiel führt sie den Fall einer Krebs-Patientin an, der der behandelnde Arzt drei Behandlungsmöglichkeiten vorgeschlagen hatte: Die Chemotherapie, die Palliativmedizin und … die Euthanasie. «Die Frau war über den Vorschlag entsetzt und zutiefst verletzt.» Diese perverse Entwicklung der allgemeinen Ärztementalität bedeutet, dass die Mediziner, die sich weigern, Sterbehilfe zu leisten, ihre Anstrengungen verdoppeln müssen, um die Existenz echter therapeutischer Alternativen zur Euthanasie zu erklären und zu rechtfertigen. Der absolute Wille der Sterbehilfe-Befürworter, jegliches Leiden verschwinden zu lassen, erzwingt von der Palliativmedizin Resultate und nicht mehr nur die Bereitstellung von Mitteln. Dr. Dopchie fragt sich jedoch, ob es noch die Rolle der Medizin sei, alles zu beherrschen. Angesichts psychologischer Leiden oder drängender Fragen nach den letzten Dingen bleibe die Palliativmedizin selbstverständlich machtlos, auch wenn sie sogar die schlimmsten körperlichen Schmerzen beherrsche. «Das Prinzip der Palliativmedizin besteht darin, mit dem Kranken zusammen zu leben und ihn bis zu seinem Lebensende zu begleiten.» Die Euthanasie dagegen beseitigt den Kranken und mit ihm seine Leiden, seine Fragen, Zweifel und Verletzungen. Zwei sich diametral entgegenstehende Konzepte.

Die Legalisierung der Euthanasie in Belgien hat auch das Verhältnis der Gesellschaft und insbesondere des medizinischen Personals zu Kranken und Alten nachhaltig verändert. Der Juraprofessor Montero gibt in einem Dokumentationsfilm zur Sterbehilfe in Belgien[21] an, dass seiner Erkenntnis nach die Euthanasie in der Hälfte aller Fälle gegen den Willen der Kranken vollstreckt werde. Die Onkologin Dopchie bestätigt dies: Es komme immer häufiger zu einer ‚Therapiebeschleunigung'. Dabei handele es sich in Wirklichkeit um eine missbräuchliche Überdosierung von Schmerzmitteln, die dem Patienten ohne sein Wissen und ohne das Wissen seiner Angehörigen verabreicht würden mit dem einzigen Ziel, den Tod schneller herbeizuführen. Häufig wird das Pflegepersonal von den verantwortlichen Ärzten dazu veranlasst, den Kranken die tödliche ‚Overdose' zu verabreichen. Die Brüsseler Krankenschwester, die anonym bleiben will, berichtet: «Eines Tages, als ich nach einer längeren Abwesenheit wieder in meine Abteilung zurückkehrte, erfuhr ich von Kollegen, dass einer der Ärzte sie aufgefordert hatte, nach seiner Patientenvisite ‚in der Abteilung aufzuräumen'. Das Resultat

[21] *«Euthanasie, jusqu'où?» von Pierre Barnérias, zu sehen auf YouTube.*

davon waren drei Patienten weniger.» Dr. Dopchie resümiert die Haltung vieler Ärzte so: «Für manche meiner Kollegen ist es Zeitverschwendung, sich um einen Kranken zu kümmern, der ohnehin sterben wird. Sie sehen keinen Sinn in dem, was sie tun. Den Tod zu geben ist für sie die einfachste Lösung.» Die Freigabe der Euthanasie zum Zweck des Linderns von Leiden hilft diesen Ärzten mit Sicherheit, das schlechte Gewissen zu beruhigen und diesen an sich barbarischen Akt in eine humanitäre Geste zu verwandeln. Dies bestätigt auch der französische Abgeordnete Jean Leonetti, selbst ein Arzt und verantwortlich für das französische Gesetz zu den Patientenrechten am Lebensende, der sich eingehend mit der belgischen Situation beschäftigt hat: «Aus einem legalen Dammbruch resultieren immer weitere Dammbrüche. Die belgischen Ärzte fühlen sich in der Entscheidung, das zu tun, was in allen Ländern dieser Welt verboten ist, nämlich jemanden zu töten, der es nicht verlangt hat, dreimal freier als französische.»

Doch nicht nur die Mediziner sind durch die Legalisierung der Euthanasie von jeglichen Skrupeln befreit worden, auch die Gesellschaft insgesamt und die Familien vieler Kranker insbesondere. Catherine Dopchie musste schon viele Male beobachten, wie Familienmitglieder Druck auf einen Patienten ausübten, bis dieser endlich seine Einwilligung zur Euthanasie gab. Sie erinnert sich insbesondere an einen Vater, der «von seinem Sohn nichts anderes erwartete als Liebe». Doch der Sohn versuchte seinen Vater von den Vorteilen der ‚schnellen und sauberen Lösung' zu überzeugen. Willigte der Vater schließlich aus Liebe zu seinem Sohn in die Euthanasie ein? Viele Familienangehörige sehen im medizinischen Gnadentod einerseits ein Mittel, den Kranken von weiterem Leiden zu verschonen. Andererseits ist die Euthanasie auch ein praktisches Mittel, sich selbst den Pflegeaufwand und die Auseinandersetzung mit Krankheit und

Tod zu ersparen. Schließlich kommen bei manchen Angehörigen auch noch finanzielle Aspekte, wie die Bewahrung des Erbes durch die Vermeidung von wirklichen oder hypothetischen Pflegekosten, ins Spiel. Pierre Barnérias präsentiert in seiner Dokumentation zur Sterbehilfe in Belgien ein Beispiel für diesen Fall: Eine Frau berichtete über das Schicksal ihrer Schwester, einer alternden, aber gesunden, wohlhabenden Frau, die von ihren Söhnen, beides Mediziner, durch die Verabreichung von zu hoch dosierten Psychopharmaka absichtlich in einen Zustand geistiger Umnachtung versetzt wurde, damit ihr dann ein anderer Arzt die ‚Erlösungsspritze' verabreichen konnte. Die Söhne sicherten sich auf diese Weise und ganz legal das gesamte Vermögen ihrer Mutter.

Für den Juristen Montero ist die Behauptung der Sterbehilfe-Lobby, dass Euthanasie nichts als eine persönliche Angelegenheit sei, aufgrund all dieser Erfahrungen ein absurdes Argument: «Man verfügt nicht über sich selbst, sondern über jemanden anderes. Diese Praktik benötigt die Zustimmung der Ärzteschaft, des Gesetzgebers und der gesamten Gesellschaft. Die von der Euthanasie betroffene Person behauptet von sich, der einzige Herr über ihren Tod zu sein, aber es sind die anderen, die seinen Tod durchleben: Die Pfleger, die seinen Tod herbeiführen und seine Angehörigen, die ihn überleben.» Für den belgischen Philosophen Michel Ghins, der an der Katholischen Universität Löwen lehrt, ist diese Ideologie der Autonomie «ein Erbe der 68er Revolution, die sich im Wesentlichen auf zwei Prinzipien gründete: Den Vorrang der individuellen Freiheit und die Suche nach einem Leben, das auf Genuss basiert und frei von Leiden ist.»

Infantilismus und Dekulturation, oder wie sich die Demokratie selbst abschafft

Die allgemeine Dekulturation der Gesellschaft, die damit einhergehende Verrohung der Umgangsformen und des moralischen Gewissens sowie die Vergötzung zweifelhafter Idole (häufig aus der Unterschicht) hinterlassen nicht nur im Alltag ihre Spuren, sondern haben sogar für die politischen Systeme der westlichen Welt weitreichende Folgen: Das Niveau der Debatten sinkt kontinuierlich und inhaltliche Auseinandersetzungen finden kaum noch statt. Das Gros der Politiker hat inzwischen aufgrund fehlender Allgemeinbildung und Erziehung weder ein kohärentes Welt- und Menschenbild, noch ein festes Wertesystem, das sie gegenüber anderen Positionen verteidigen könnten. Alles ist im Rahmen dessen, was in den Hauptstrommedien als ‚Wahrheiten' verkündet wird, ist verhandelbar und relativ. Für den karriereorientieren Politiker ist das sehr praktisch. Er muss weder Verantwortung für eigene Positionen und Meinungen übernehmen, noch trägt er Konflikte aus, noch riskiert er eine echte Niederlage. Er gewinnt einfach immer. Besonders offensichtlich ist diese Entwicklung gegenwärtig in der Merkel-CDU. Die Partei ‚verliert' nie eine Wahl, sondern hat es im schlechtesten Fall versäumt, allen bisherigen Wählern die gerade aktuellen Parteipositionen ‚nahezubringen'. Eine ernsthafte parteiinterne Kursdebatte erübrigt sich bei dieser Haltung. Die einstige Adenauer-Partei ist heute ideologisch elastisch wie ein Gummiband und kann deshalb problemlos mit jeder anderen etablierten Partei koalieren – von der FDP über die SPD bis hin zum ehemaligen ideologischen Erzfeind, den Grünen (und sicher bald auch mit der Linken). Damit erfüllt die Partei das Hauptziel ihrer Führung, überall dort, wo es irgendwie möglich ist, an der Macht zu sein oder zu bleiben und der Partei möglichst viele Posten und Pöstchen, d. h. öffentliche Gelder, zu sichern. Gleichzeitig offenbart diese Tendenz aber auch, dass sich die CDU von einer weltanschaulichen Interessensvertretung der Bürger verabschiedet hat und zu einem (mindestens moralisch) korrupten Selbstbedienungsladen für Parteikader verkommen ist. Die Folge ist einerseits die Entfremdung von Basis und Führung, andererseits das Entstehen einer echten Klasse von Partei-Apparatschiks, die ideologisch völlig ungebunden sind und deren einzige politische Motivation in der Förderung ihrer eigenen Karriere liegt. Diese Entwicklung verstärkt und beschleunigt den bereits eingangs beschriebenen Niedergang der allgemeinen politischen Kultur.

Letztendlich teilen fast alle Politiker das gleiche Weltbild aus historischen und wissenschaftlichen Halbwahrheiten, das sich die 68er nach Gusto zusammengebastelt und im Laufe der Jahre dank ihrer Helfershelfer in den Medien in die Mitte der Gesellschaft als Wahrheit transportiert haben: Atomkraft ist in jedem Fall lebensgefährlich, soziale Gerechtigkeit heißt absolute Gleichheit für alle, Abtreibung ist ein Frauenrecht, der Islam ist mit der Demokratie vereinbar und friedlich, das Christentum unterdrückt und ist für Kreuzfahrten, Inquisition und sonst für alles Schlechte verantwortlich, der Klimawandel ist menschengemacht, ohne EU versinkt Europa in Krieg und Chaos, … Weil sich Parteien und Politiker ideologisch einander angleichen und eine kontroverse inhaltliche Auseinandersetzung kaum noch stattfindet, wird es für den Politiker immer wichtiger, dem Wähler menschlich sympathisch zu erscheinen. Er greift deshalb vermehrt zu Maßnahmen des Selbstmarketing, wie es die Stars, die neuen Götter der Gesellschaft, betreiben, und forciert so weiter die Trivialisierung und Banalisierung des Politischen: Der ehemalige Verteidigungsminister Theodor von Guttenberg und seine Frau Stephanie inszenieren sich als reiches Glamourpaar, das Politik, Benefiz-Galas, Kinder, zwei Karrieren und ein Jetset-Leben zwischen Bayern und Washington mit links meistert, Bundesverteidigungsministerin Ursula von der Leyen führt den Reportern der Klatschpresse ‚ihren' persönlichen syrischen Flüchtling (der selbstverständlich Arzt ist und nicht allzu viel mit den randalierenden Horden an Europas Grenzen gemeinsam haben dürfte) beim Reiten vor und zeigt so, wie ‚menschlich' und ‚solidarisch' sie ist, Justizminister Maas zelebriert medial sein neues Liebesglück mit Schauspielerin Natalia Wörner,… die Liste ließe sich endlos fortsetzen.

Beliebt ist es bei europäischen Politikern inzwischen auch, sich Seite an Seite mit Stars als prominenten Unterstützern zu zeigen, so wie es das amerikanische Politestablishment und Hollywood seit Jahren vorexerzieren. Die Schauspieler und Sänger sammeln Geld, organisieren Treffen und äußern sich positiv in der Presse zu (überwiegend demokratischen, d. h. gutmenschlich-linken) Politikern. In der Hoffnung, dem Wahlvolk mit Hilfe dieser neuen Götter besser die politisch korrekte Agenda ‚verkaufen' zu können und imagemäßig vom Glamour zu profitieren, befragen die Politiker die Stars vermehrt zu allen wichtigen welt- und gesellschaftspolitischen Fragen der Zeit, so wie die griechischen Staatsmänner der Antike das Orakel von Delphi um Rat aufsuchten. U2-Sänger Bono tritt beispielsweise öffentlich für die Belange der LBGT ein und weiß dank seines ‚guten Drahts' zum Lieben Gott mit Gewissheit, dass «Jesus heute in einer Schwulenkneipe in San Franscisco anzutreffen wäre». Die Schauspielerinnen Marion Cotillard und Vanessa Paradis retten anlässlich der Weltklimakonferenz in Paris durch das Ausziehen von Schuhen auf der Place de la République das Weltklima, und Tatort-Schauspieler Til Schweiger bringt seine Mitbürger auf Linie zur Merkel'schen Willkommenskultur, indem er all diejenigen, die den offenen Grenzen nicht ganz so euphorisch gegenüberstehen wie er selbst, mit «Verpisst euch!» oder auch «Weg mit dem Dreck!» anpöbelt. Hollywood-Schauspielerin Angelina Jolie, die pro Film eine mehrstellige Millionengage einsteckt, ohne dies anrüchig zu finden, tingelt als UN-Sonderbotschafterin für Flüchtlingsfragen durch die Elendslager dieser Welt und gibt Weisheiten wie diese von sich [an einen Flüchtlingsjungen in Piräus gewandt]: «Ich bin hier, um zu lernen und mit euch und den Agenturen und der Regierung zu sprechen, um in Erfahrung zu bringen, was hier vor sich geht, okay? Versuch‘ stark zu bleiben. » Nach einem Besuch in libanesischen Flüchtlingslagern beeindruckt Jolie die Weltöffentlichkeit mit der Erkenntnis, dass «es tragisch und beschämend [ist], dass Syrien immer noch so weit vom Ende des Kriegs entfernt ist. Und wir können auch nicht so tun, als wäre das Problem nur auf zehntausende Flüchtlinge in Europa begrenzt.» Solche und andere intellektuelle Glanzleistungen üben inzwischen einen nicht zu unterschätzenden Einfluss auf die Öffentlichkeit in den westlichen Staaten aus.

In dem Maße, in dem die politische Debatte ihrer inhaltlichen Substanz beraubt wird, gewinnen Symbolik und Emotionen an Bedeutung. Sie sollen vor dem Wähler das Fehlen politischer Lösungen und Handlungen verheimlichen und zugleich verhindern, dass echte Debatten entstehen. Um dennoch handlungsfähig und aktiv zu erscheinen, führen die Politiker Scheindebatten. Zwei Beispiels sollen das illustrieren:

Obwohl die meisten islamischen Terroristen Selbstmordattentäter sind und man auf YouTube sehen kann, wie sie zum Zeichen ihres Hasses auf den Westen ihre französischen/westlichen Pässe verbrennen, droht der französische Präsident Hollande nach den Pariser Attentaten vom November 2015 den Terroristen mit doppelter Staatsbürgerschaft an, ihnen nach Verbüßen einer Haftstrafe den französischen Pass zu entziehen. Dieser Vorschlag, der eine

Verfassungsänderung benötigt, um in Kraft treten zu können, wird vier Monate lang in beiden Parlamentskammern diskutiert, bis ihn die Parlamentarier schließlich Ende März ganz verwerfen. Doch die eigentlichen Probleme, die dem Terrorismus zugrunde liegen, werden aus der ‚Debatte' völlig ausgeklammert: der Weltherrschaftsanspruch des Islam, die seit über 40 Jahren weitestgehend unkontrollierte Masseneinwanderung von Menschen aus dem islamischen Kulturkreis und die Änderung des Staatsbürgerrechtes in den 1990er Jahren. Um sich die Stimmen der Einwanderer zu sichern, hatten damals die regierenden Sozialisten das traditionelle Blutrecht durch das Geburtsprinzip (Bodenrecht) ersetzt. Seither wird jedem Menschen, der auf französischem Boden das Licht der Welt erblickt, das volle Staatsbürgerrecht zugesprochen – unabhängig davon, ob sich die Person und ihre soziale Umgebung mit Frankreich identifiziert oder ob sie diese Staatsbürgerschaft überhaupt will. Das Resultat dieser Politik kann man seit Jahren in den unterschiedlichsten Situationen ‚bewundern': Bei internationalen Fußballspielen weigern sich die Spieler maghrebinischer Herkunft, die französische Nationalhymne zu singen. Aber gleichzeitig spielen sie lieber unter Frankreichs Flagge als für Marokko oder Algerien, weil dies ihrer persönlichen Karriere und damit ihrem Einkommen dienlicher ist. Nach Hollandes Wahlsieg sah man auf der öffentlichen Wahlparty der Sozialisten am Place de la République in Paris mehr algerische als französische Flaggen ... Der Staat hat sich also durch eine kurzsichtige, klientelistische Interessenspolitk selbst im Inneren eine ‚Fünfte Kolonne' geschaffen, der er heute nicht mehr Herr wird. Doch anstatt diesen Tatbestand anzuerkennen und daraus die notwendigen Konsequenzen zu ziehen, weigern sich die politisch Verantwortlichen nach wie vor, einen Kurswechsel zu vollziehen. Stattdessen bastelt das Politestablishment vereint an Scheinlösungen von Scheinproblemen.

Diese Art von ‚Debatte' wird der Öffentlichkeit auch geboten anlässlich des Todes des syrischen Flüchtlingsjungen Aylan bei der illegalen Überquerung des Mittelmeeres in einem Schlauchboot. Das Photo des toten Kindes geht um die Welt. Die Politiker sämtlicher Parteien zeigen sich geschockt, entsetzt, entrüstet,… und kommen zu dem einhelligen Schluss, dass der Tod des Jungen der EU anzulasten ist, die ihre schon sehr porösen Grenzen nicht weit genug aufmacht. Auf die konkrete Situation bezogen ist diese Anschuldigung nicht komplett falsch, denn hätte Deutschland als EU-Zielland ein komfortables Flugzeug in die Türkei geschickt, um Aylan und seine Familie abzuholen, wäre das Kind heute in der Tat noch am Leben… Doch den Politikern geht es in Wirklichkeit gar nicht um den toten, kleinen Jungen. Der ist ihnen möglicherweise sogar ziemlich egal. Es geht ihnen darum, mit Hilfe seines Fotos die öffentliche Meinung im Sinne der Merkel'schen Willkommenskultur zu manipulieren. Durch den Appell an die Gefühle sollen die Menschen dazu gebracht werden, die schon jetzt sehr bittere Pille (die in der Zukunft wahrscheinlich noch bitterer werden wird) der massenhaften muslimischen Einwanderung widerstandslos zu schlucken und ihre Fragen und Ängste zu vergessen. Es ist mit Sicherheit deshalb auch kein Zufall, dass kein Politiker des Establishments den wirklichen Sachverhalt und die echten Fragen zum Fall Aylan anspricht (Verantwortung des Vaters in dem Drama, die Verlockungen des deutschen Wohlfahrtsstaates, die Frage, ob jemand, der in der Türkei lebt und arbeitet, ein ‚Flüchtling' ist, etc.)

Wagen es unabhängige Geister dennoch, die echten Probleme der westlichen Staaten anzusprechen, können sie mit dem geballten Hass des Establishments rechnen. In Talkshows ‚schlagen' drei oder vier politisch korrekte Gäste samt Moderator auf einen Meinungsdissidenten ein. In den nationalen Parlamenten sowie im Europaparlament werden die Abgeordneten der Anti-Establishment-Parteien soweit wie möglich isoliert, auf die Büros der Parlamentarier dürfen Brandanschläge verübt werden, ohne dass dies politische Reaktionen hervorruft (Beatrix von Storch). Saalvermieter werden unter Druck gesetzt, damit sie den Meinungsabweichlern keine Bühne zur Verbreitung ihrer Ideen bieten (AfD), auf Banken wird Druck ausgeübt, damit die Dissidenten keine Konten eröffnen können. (Dem Front National verweigerten seinerzeit sämtliche französische Banken ein Konto. Seither wickelt die Le Pen-Partei ihre Geschäfte über russische Banken ab und wird nun vom Establishment wegen ihrer ‚Putin-Nähe' kritisiert...) Wer politisch nicht korrekte Ideen vertritt, gilt außerdem als intellektuell unterbemittelter Stammtischpolitiker (‚Man muss den Wählern erklären, dass die AfD keine Lösung ist.' u. ä.) und muss sich wahlweise als ‚Rechter', als ‚Faschist', oder auch als ‚Pack' (SPD-Chef Gabriel über die Teilnehmer der Pegida-Demonstrationen), beschimpfen lassen. Der CDU-Generalsekretär Tauber brüstet sich sogar voller Stolz auf Facebook damit, einen willkommenskulturkritischen Wähler als ‚Arschloch' beschimpft zu haben. Das ist das Niveau der politischen Auseinandersetzung in Deutschland und der westlichen Welt anno 2016.

Alle diese Diffamierungen und Einschüchterungsversuche zeigen bisher jedoch nur sehr bedingt Wirkung. In allen europäischen Staaten schreiten die als ‚Rechtsextremisten' beschimpften Anti-Establishment-Parteien von einem neuen Wahlrekord zum nächsten. Marine Le Pen kann in Frankreich sogar mit Recht behaupten, dass der Front National die erste politische Kraft des Landes geworden ist. In den USA schickt sich mit dem neureichen Multimilliardär Donald Trump ein Volkstribun an, das Präsidentenamt an sich zu reißen. Ob er und die anderen ‚Rechtspopulisten' wirklich realistische Lösungen für die dringlichsten Probleme der westlichen

Welt anzubieten haben, bleibt abzuwarten und hängt mit Sicherheit sowohl von den individuellen Qualitäten der unterschiedlichen Führer dieser Bewegungen ab als auch von äußeren Faktoren. Mit ihren Forderungen nach einem Stopp der muslimischen Massenimmigration, nach der Re-Etablierung der Rechtsstaatlichkeit, der Meinungs- und Pressefreiheit, der Grenzsicherung, dem Ende von LGBT-Propaganda und nachdrücklichen Korrekturen des Weltwirtschaftssystems haben diese Parteien in jedem Fall den Nerv der Zeit getroffen. Für die etablierten Parteien aber dürfte die Zukunft trotz der Perfektionierung ihrer volkspädagogischen Maßnahmen eher düster aussehen, denn der Kontrast, den die Menschen täglich erleben, zwischen der offiziell propagierten schönen neuen multikulturell-egalitären Welt und der Realität wird zunehmend größer. Da das Establishment allerdings in keinster Weise bereit ist, seine Macht abzugeben oder wenigstens Kurskorrekturen durchzuführen, greift es immer häufiger zu ‚bewährten' Methoden aus totalitären Regimen. Nach den USA mit ihrem ‚Homeland Act' macht es jetzt Frankreich vor, wie man die Bürgerrechte einschränken kann, ohne auf den Widerstand der davon Betroffenen zu stoßen: Seit den Terroranschlägen vom November 2015 gilt in Frankreich die Notstandsgesetzgebung: Die Versammlungsfreiheit, sprich das Demonstrationsrecht, kann ohne Grund eingeschränkt werden, und die Geheimdienste und die Polizei bekommen außergewöhnliche Vollmachten: Sie dürfen jeden Bürger vollständig überwachen und seine Bewegungsfreiheit einschränken. Diese Maßnahmen wären auf das Milieu der Terrorismusunterstützer und der organisierten Kriminalität angewendet durchaus sinnvoll, doch nutzen die französischen Sozialisten die Notstandsgesetzgebung v. a. dazu, regierungskritische Stimmen zum Schweigen zu bringen. So wurde z. B. der Server, der den sehr islamkritischen und -aufklärerischen Blog des katholischen Priesters Guy Pagès beherbergt, unter der fadenscheinigen Begründung beschlagnahmt, dass dort gewaltverherrlichende Bilder verbreitet würden. Abbé Pagès[22] hatte nämlich seine Thesen mit Originalbildern und -filmen des Islamischen Staates unterlegt… Der IS kann derweil weiter und relativ unbehelligt vom französischen Staat seine Videos im Internet posten…

Die regierenden Sozialisten nutzen die Notstandsgesetzgebung auch dazu, um Demonstrationen gegen die Immigrationspolitik und die Duldung von Illegalen zu unterdrücken. Finden sich trotz des Verbots ein paar Demonstranten ein, greift die Staatsmacht mit voller Härte durch: Tränengaseinsatz trotz Gewaltlosigkeit der Demonstranten, Verhaftungen und sofortige Verurteilungen zu harten Strafen etc. Die nicht autorisierte Pegida-Demonstration in Calais vom 2.2.2016 ist dafür ein hervorragendes Beispiel. In einem beinahe surrealen Kontrast dazu steht die Toleranz des Staates gegenüber der Gewalt von Linksextremen und Illegalen. Am 23.1.2016 zogen mehrere Tausend Illegale und linke No-Border-Aktivisten randalierend durch die Innenstadt von Calais, beschmierten das de Gaulle-Denkmal mit einem ‚Nique de Gaulle' (dt.: Fick de Gaulle) und hissten dort abschließend die schwarze Flagge des IS.[23] Die Polizei schritt nicht oder kaum ein...

In Deutschland entwickelt sich die Situation in eine ähnliche Richtung: Die linken Antifas, die vom Establishment mit Steuergeldern zumindest teilfinanziert werden, genießen weitestgehend Narrenfreiheit. Sie dürfen ungestraft im Internet Listen unliebsamer Personen samt Adresse veröffentlichen, zu Anschlägen auf diese Personen aufrufen, bei Pegida-Demonstrationen u. ä. die Teilnehmer massiv

[22] *http://www.islam-et-verite.com*

[23] *Zu beiden Demonstrationen in Calais findet sich auf YouTube reichlich Filmmaterial.*

belästigen, den Ablauf stören und z. T. sogar Gewalt anwenden, ohne dass die Polizei sie daran hindert. Vor allem in Westdeutschland zeigt diese permanente Androhung von Gewalt Wirkung: Die Zahl der Bürger, die demonstrieren, ist verschwindend gering. Seit ein paar Monaten hat der deutsche Staat zudem alte Stasi-Methoden offiziell reaktiviert, um die Bürger auf Linie zu bringen. Unter der Leitung der verdienten Stasi-Veteranin Anetta Kahane alias IM-Viktoria und des Dienstleisters Avarto, einer Tochter der politisch sehr korrekten multinationalen Bertelsmann AG (Die Stiftung des Unternehmens tut sich immer wieder durch Studien zu den gesellschaftlichen Nutzen von Immigration hervor und fördert großzügig pädagogische Experimente an Schulen), sind nun alle Hobbyspitzel und Antifanten offiziell dazu aufgerufen, Facebook auf ‚rechte', d. h. regierungskritische, Kommentare zu durchforsten und die Übeltäter zu melden. Diese Maßnahmen dürften erst der Anfang einer großangelegten Aktion zur Gedankenkontrolle der Bürger sein.

Eigentlich müssten die Menschen gegen solche staatlichen Maßnahmen aufstehen und das Recht auf Meinungsfreiheit verteidigen, doch das tun nur sehr wenige. Die meisten Menschen verharren nach wie vor in ihrer kleinen Welt aus Konsum, Spaß und Spielen. Sie sind zu bequem, ihre Rechte einzufordern und hoffen darauf, sich einen gewissen Freiraum zu erhalten, wenn sie mit der Staatsmacht konform gehen. «‚Vater' Staat wird's schon richten. Die da oben haben eh mehr Macht als wir hier unten.» Mehr als den Verlust der Freiheit fürchten die Menschen die soziale Ausgrenzung aufgrund ihrer Meinung, denn sind sie einmal als Sympathisanten der ‚Rechten' enttarnt, sind sie in den ‚besseren' Kreisen der Gesellschaft nicht mehr erwünscht. Das Resultat dieses subtilen sozialen Drucks zeigt sich ganz deutlich bei Wahlen: Auch wenn die Anti-Establishment-Parteien immer stärker werden und den etablierten Parteien Angst machen, gelingt es ihnen bisher in keinem europäischen Land, die absolute Mehrheit in absoluten Zahlen zu gewinnen. Wenn es hart auf hart kommt, entscheiden sich die meisten Wähler immer noch für die altbekannten Systemparteien. Die Menschen sind zwar unzufrieden mit ihnen und ihrer Politik, aber sie wissen wenigstens in etwa, was auf sie zukommt. Im Falle eines Wahlsieges der alternativen Parteien erscheint die Zukunft dagegen ungewiss. Zudem glauben viele Menschen aufgrund freiwilliger Abhängigkeit vom tendenziösen Staatsfunk, aufgrund intellektueller Trägheit und aufgrund von Angst, aus der Gemeinschaft der ‚Guten' ausgestoßen zu werden, die von den Systemparteien und Massenmedien verbreiteten Horrornachrichten über bevorstehende Bürgerkriege, Massenarbeitslosigkeit, EU-Sanktionen etc. im Falle eines ‚rechten' Wahlsiegs.

Die Diffamierung kritischer Gedanken mit Hilfe hohler und sinnentleerter Kampfbegriffe sowie die soziale Isolierung und Kriminalisierung der Personen, die sie äußern, ist die effektivste Waffe der Systemparteien und ihrer Helfer im Kampf gegen politische Veränderungen: Das schlimme ‚Schimpfwort' ‚rechts', d. h. nationalsozialistisch, wird beispielsweise ohne Rücksicht auf den Sinn als Totschlagargument gegen alles verwendet, was nicht der offiziellen links-gutmenschlichen Meinung entspricht. Schon die Gleichsetzung von ‚rechts' und ‚nationalsozialistisch' hinkt jedoch völlig, denn der Nationalsozialismus hatte absolut nichts mit Werte- oder Kulturkonservatismus zu tun. Im Gegenteil, die Nazis wollten der christlich-abendländischen Kultur ebenso den Garaus bereiten wie die anderen Sozialisten. Man kann deshalb getrost festhalten, dass der Nationalsozialismus wie alle Sozialismen eine kollektivistische linke Ideologie ist. Innerhalb der großen sozialistischen Familie gibt es allerdings tödliche Brüderkriege, und die Kampflinien verlaufen einerseits zwischen der nationalen (Nazis) und der internationalen (sämtliche Volksrepubliken) Ausrichtung der Ideologie, andererseits zwischen der marxistisch-leninistischen und der trotzkistisch-maoistischen Version. Doch diese Zusammenhänge kennt oder versteht weder der tapfer gegen Rechts kämpfende Antifant noch der Durchschnittsbürger.

Mindestens genauso kurios ist die Gleichsetzung von Islamkritik mit Nationalsozialismus, denn in Wirklichkeit waren Hitler und viele andere Nazigrößen glühende Verehrer des Islams und Hasser des Christentums. Hitler äußerte beispielsweise folgenden Gedanken: «Hätte bei Poitiers nicht Karl Martell gesiegt: Haben wir schon die jüdische Welt auf uns genommen – das Christentum ist so etwas Fades – so hätten wir viel eher noch den Mohammedanismus übernommen, diese Lehre der Belohnung des Heldentums: Der Kämpfer allein hat den Siebten Himmel! Die Germanen hätten die Welt damit erobert, nur durch das Christentum sind wir davon abgehalten worden.»[24] Führende Muslime wiederum hegten große Sympathien für die Nationalsozialisten. Der damalige Großmufti von Jerusalem, Mohammed Amin al-Husseini, ein Onkel des PLO-Terroristen und späteren Palästinenserpräsidenten Yassir Arafat, unterstützte beispielsweise tatkräftig den Aufbau der 13. Bergdivision der Waffen-SS Handschar, einer muslimischen Einheit im Dienste der Nazis, auf dem Balkan. Seine Rolle bei der ‚Endlösung der Judenfrage' ist umstritten. Allerdings wurde 1947 bei der UNO eine Klage gegen ihn eingereicht. Auch diese historischen Zusammenhänge sind heute weitestgehend unbekannt. Stattdessen werden zu Propagandazwecken heutige Muslime mit damaligen Juden gleichgesetzt… Die

[24] *Zitiert nach: Adolf Hitler (NSDAP), deutscher Kanzler, 27. Aug. 1942 (Jochmann, Adolf Hitler – Monologe im Führerhauptquartier, S. 370)*

politisch-korrekten Systemerhalter verdanken ihre Macht über die Menschen also ausschließlich deren historischer Unbildung. Hätten sich die Menschen von Anfang an mit dem schlichten Hinweis auf historische Tatsachen die Nazi-Keule verboten, hätten sich nie solche politisch-korrekten Mythen bilden können. Heute ist es dagegen sehr schwierig, die Scheinwahrheiten zu demystifizieren, zu sehr sind sie ins Denkschema der Allgemeinheit eingedrungen. Doch für die echte Wahrheit aufzustehen ist die einzige Chance, die sich den westlichen Gesellschaften bietet, um das Entstehen totalitärer Gesinnungsdiktaturen zu verhindern.

Eine abschließende Schlussbetrachtung

Anders als es den Anschein hat, führt die Infantilisierung von Erwachsenen also nicht zu einer kindlich-unschuldigen Grundstimmung, sondern zu einer Brutalisierung der gesamten Gesellschaft. Die Berufsjugendlichen sind nicht unbedingt Menschen, die sich einen besonders jung-jugendlichen Geist bewahrt haben, sondern vor allem Menschen auf der Flucht vor Verantwortung – sowohl für ihr eigenes Leben als auch für das ihrer Kinder. Sie fürchten sich vor Entscheidungen und ihren Konsequenzen genauso wie vor Konflikten aufgrund von Meinungs- oder Interessensdivergenzen. Aus dieser Haltung resultiert die unbewusste Weigerung, Kinder zu erziehen. Statt ihnen beizubringen, was richtig oder falsch ist, wetteifern die infantilen Erwachsenen mit den Sandkastenfreunden ihrer Kinder und Enkel um den Status des ‚coolsten Kumpel'. Aus ihrer kindisch-unreifen Angst vor Freundschaftsentzug im Falle von erziehungsbedingten Auseinandersetzungen verweigern sie dem Nachwuchs nicht nur jegliche Frustrationserfahrung, sondern auch jede haltgebende Führung. Ihren Kindern fehlen deswegen erwachsene Vorbilder, deren Benehmen für sie beispielhaft sein könnte. Die Folge ist, dass sich die heranwachsende Generation zu kapriziösen ‚kleinen Kaisern' entwickelt, die beim geringsten Problem außer Rand und Band geraten. Z. T. schon im Kindergarten sind die Beziehungen zwischen den Kindern von verbaler aber auch körperlicher Gewalt geprägt, weil alle ihre Interessen um jeden Preis durchzusetzen versuchen. Da die Kinder in einem größtenteils wertefreien Umfeld aufwachsen, fehlt ihnen auch das Verständnis von richtigem und falschem Verhalten. Sie lernen nicht, Gefühle wie Empathie und Mitleid zu entwickeln. Stattdessen kreisen ihre Gedanken ausschließlich um die Erfüllung der eigenen Wünsche. Diese zu befriedigen, egal auf welche Art, ist das Leitmotiv ihrer Handlungen. Die Gewaltbereitschaft nimmt mit dem Erklimmen jeder neuen Altersstufe in dem Maße zu, wie die Begierden größer werden. Das unterentwickelte Rechtsbewusstsein führt zu einem fehlenden Unrechtsbewusstsein, durch das die letzten moralischen Skrupel ausgeräumt werden. Unter bestimmten negativen äußeren Einflüssen können sich diese Kinder als Jugendliche zu regelrechten Monstern entwickeln, deren Aggressivität und Brutalität denen erwachsener Schwerstkrimineller gleichkommt. In den meisten Fällen jedoch wächst ‚nur' eine Generation von äußerst rücksichtslosen und gleichzeitig extrem labilen Kind-Erwachsenen heran, die sich einerseits stromlinienförmig an die Erwartungen von Gesellschaft, Wirtschaft und veröffentlichter Meinung anpassen, die aber andererseits bereit sind, für den kleinsten persönlichen Vorteil ‚über Leichen' zu gehen. Alle Merkmale, die schon auf die Generation ihrer Eltern und z. T. Großeltern zutreffen, finden sich geballt bei den jetzt Heranwachsenden wieder: Spaß, Vergnügen und Konsum als Lebensinhalt sowie eine Überhöhung und Verabsolutierung der individuellen Freiheit bei einem gleichzeitigen absoluten Desinteresse an den Belangen und Nöten der Mitmenschen und an Politik, bei geistiger und geistlicher Dürre sowie einer Abscheu vor individueller Verantwortung und Pflicht.

Aus dieser egozentrischen und wertneutralen Grundhaltung resultiert auf allen Gesellschaftsebenen eine Kultur der Entzivilisation: Die öffentliche Erniedrigung der Mitmenschen als Unterhaltungswert, die dauernde Inszenierung des Ich als Programm, der Verlust von Scham und Würde, das schrankenlose Ausleben niederster Instinkte, die Vergötzung von zweifelhaften Stars bei gleichzeitiger Desakralisierung des Christentums, kurz eine allgemeine Verblödung und Dekulturation. Das Primitive, Vulgäre ist das neue Ideal des ‚guten Benehmens', so wie es in Reinkultur in den ghettoähnlichen Stadtvierteln der westlichen Großstädte gelebt und von den Stars, die häufig aus diesem Milieu stammen, verbreitet wird. Sozusagen trash is chic.

Der Infantilismus führt also insgesamt zu einer Dehumanisierung des Menschen. Besonders deutlich zeigt sich dies im Umgang der infantilisierten Gesellschaft mit Krankheit, Leid und Tod. Da es keinen Platz mehr gibt für Leiden und Tod, gibt es auch keinen Platz mehr für kranke, alte und gebrechliche Menschen. Man ‚entsorgt' sie einfach durch Euthanasie – deshalb die weltweite Tendenz in allen säkularen Gesellschaften, die Sterbehilfe zu legalisieren. Besonders tragisch daran ist, dass sich viele Kranke und Alte aufgrund des gesamtgesellschaftlichen Klimas selbst ihre Menschenwürde absprechen und es für ein letztes Zeichen von Autonomie und Würde halten, selbst um Sterbehilfe zu bitten, um nicht in Abhängigkeit zu geraten. Für die gesunden Menschen hat der Kranke im Prinzip keinen Grund mehr, am Leben zu bleiben. Er kann nicht mehr am Lebensstil der Gesellschaft teilnehmen, er stört die allgemeine ‚Wellness-Ambiente', ist eine Last für andere, verursacht Kosten und wird am Ende sowieso sterben. Die Euthanasie ist aus dieser

Sicht die ‚sauberste' Lösung, denn sie ändert nichts am Endresultat, dem Tod, aber entbindet die Gesellschaft von ihrer Verantwortung für den Kranken. Doch was ist das für ein Menschenbild, was ist das für eine Gesellschaft, die die Würde und das Lebensrecht eines Menschen ausschließlich an seiner körperlichen Fitness misst? In einer solchen Gesellschaft wird der Mensch entzivilisiert und zum potentiellen Todesfeind seines Mitmenschen. Es stellt sich ein permanentes Misstrauensverhältnis nicht nur zwischen Kranken und Gesunden ein, sondern zwischen allen Menschen, selbst innerhalb der Familie, denn ein plötzlicher Unfall reicht, um aus dem Reich der Glückseligen ins Reich der Verdammten gestoßen zu werden. In den Niederlanden, dem Land, das die Euthanasie als erster Staat der Welt legalisierte, fürchten inzwischen viele Menschen um ihr Leben, wenn sie mit medizinischen Einrichtungen in Kontakt kommen.[25]

Doch nicht nur der Zusammenhalt und die Menschlichkeit der Gesellschaft leiden unter diesen Entwicklungen, sondern auch die politischen Systeme der westlichen Staaten.

Eine Demokratie lebt von einer kontroversen Diskussionskultur. Abweichende Meinungen sind als Korrektoren der Mehrheitsmeinung wichtig. Doch genau diesen Wettstreit der Ideen kann die infantilisierte Gesellschaft mit ihrem krankhaften Harmoniebedürfnis nicht mehr ertragen. Die Folge ist, dass alle Systemparteien die gleichen Ziele verfolgen und sich die Unterschiede zwischen ihnen darauf beschränken, wie sie diese Ziele erreichen wollen. Das grundsätzliche Infragestellen dieser Ziele gilt dagegen als illegitim. Deshalb werden Meinungen, die von der Mainstream-Meinung ab-

[25] *Zum Schutz vor ungewollter Euthanasie tragen inzwischen viele Niederländer immer eine Karte bei sich, auf der steht: „Maak mij niet dood, Dokter", (dt. Töten Sie mich nicht, Doktor)*

weichen, sowohl vom Politestablishment als auch von weiten Teilen der Gesellschaft geächtet und in einem weiteren Schritt sogar kriminalisiert. Eine rationale, auf Argumenten basierende Auseinandersetzung findet nicht mehr statt. Stattdessen werden die wenigen Freigeister, die es noch wagen, unabhängige Gedanken zu äußern, von den Systemparteien und der ihnen nahestehenden Bevölkerungsmehrheit mit aller Härte bekämpft und zu vogelfreien Parias der Gesellschaf erklärt. Doch damit ist die Demokratie im Begriff, sich auf demokratische Weise selbst abzuschaffen und sich in eine totalitäre Meinungsdiktatur (noch) ohne Stacheldraht zu verwandeln.

Die Menschen, die in infantilisierten Gesellschaften leben, sind auf die Dauer auf allen Ebenen der Gefahr eines großen Freiheitsverlustes ausgesetzt. Zuviel Freiheit tötet eben die Freiheit, oder anders ausgedrückt, die Überhöhung der individuellen Freiheit tötet die allgemeine Freiheit. Es dominiert das Recht des Stärkeren. Die Menschen verhalten sich deshalb immer konformer zur echten oder vermeintlichen Mehrheitsgruppe, denn dies garantiert ihnen den Erhalt einer Scheinfreiheit. Die Verabsolutierung der individuellen Freiheit ist also in gewisser Weise auch ein siamesischer Zwilling des Kollektivismus, dem freiheitsfeindliche und totalitäre Elemente inhärent sind.

Diese Gesellschaftsordnung, in der einzig und alleine das Recht des Stärkeren gilt, und in der der Schwache sowie der geistig Unabhängige nur eine sehr bedingte Daseinsberechtigung hat, kannte die Antike bereits. Das stark kollektivistisch geprägte Sparta mit seinem Körperkult, dem Töten schwacher Babys und Kleinkinder und einem eher schwach ausgeprägten intellektuellen Leben ist das extremste Beispiel. Doch was ist von der Kultur Spartas im Gegensatz zu der anderer griechischer Stadtstaaten übriggeblieben? Nichts. Sollte auch dies das Schicksal der infantilisierten Wohlstandsnationen sein?

Oder hat der große russische Dissident Alexander Solschenizyn Recht, der nach seiner Rückkehr in die Heimat aus dem amerikanischen Exil seinem französischen Freund und Bewunderer, dem nationalkonservativen Politiker Philippe de Villiers, folgende Prophezeiung anvertraute: «Ihr in Europa, ihr habt die Intelligenz ausgeschlossen. Ihr werdet leiden. Der Abgrund ist tief. Ihr seid krank. Ihr habt die Krankheit der Leere. [...] Das westliche System bewegt sich auf seinen ultimativen Zustand geistiger Erschöpfung zu: Eine übertriebene, seelenlose Gesetzestreue, ein rationalistischer Humanismus, ein verbotenes Innenleben... Eure gesamten Eliten haben den Sinn höherer Werte verloren. Sie haben vergessen, dass das erste Recht des Menschen darin besteht, seine Seele nicht mit Nichtigkeiten vollzustopfen. [...] Der Abgrund wird sich zum Licht hin öffnen. Kleine Leuchtkäfer werden in der Nacht in der Ferne flackern. Anfangs werden wenige Menschen diese flackernden, fragilen Lichter bemerken und vor feindlichen Gewittern schützen. Es wird Menschen geben, die sich erheben werden im Namen der Wahrheit, der Natur, des Lebens; [...] sie werden ihren Kindern beibringen, anders zu denken, den Geist über das Materielle zu stellen. Sie werden die Spirale des Niedergangs der Tapferkeit durchbrechen. So wird es zu einem Aufbrechen der dressierten Gewissen kommen. Heute sind die Dissidenten im Osten, sie werden bald im Westen sein.»[26]

[26] *Zitiert nach Philippe de Villiers: Le Moment est venu de dire ce que j'ai vu, Albin Michel 2015, S. 340, übersetzt von der Autorin.*

Beatrix Pirchner
Utopie frisst Realität

Wer hätte damals gedacht, dass eine aus linksideologischem Schaum, transzendental-meditativen Esoteriken und einer tabubefreiten Gesellschaftsdemontage geborene Utopie mehr als vierzig Jahre später als allgemein praktizierte Matrix der Gesellschaftsgestaltung Gültigkeit erlangen würde? Dass sich dieser mentale Schaltplan in sämtlichen Spielarten einmal so verbindlich festigen könne, als liege einzig Heil darin, eine „Realität des Scheins" an die Stelle der profanen Wirklichkeit zu setzen?

Was Mitte der 60er Jahre in den USA mit einer politisch linksgerichteten, primär antikapitalistisch und antiimperialistisch ausgerichteten Protestbewegung begann, setzte sich einem verdrossenen Aufbäumen der jungen, vorwiegend studentischen Generationen in den europäisch-westlichen Industrieländern fort, wobei auch ein Bruch mit der konservativ-bürgerlichen Lebensführung einherging. Die Proteste konzentrierten sich schließlich in studentisch-universitären Bewegungen, wo sie sich sowohl in politischer Theorie als auch strategisch definierten. Zivile Konflikte gewannen an Intensität und Radikalität, indem sich fanatische Fraktionen wie die RAF bildeten, die auch vor terroristischen Aktionen nicht zurückschreckten.

Mit dem übergeordneten Traum von unkonventioneller Freiheit bzw. der Befreiung von einem als restriktiv empfundenen Gesamtsystem mit allen seinen kapitalistischen „Verwerflichkeiten" ging eine Verbreitung von kompromisslos tabubrechenden Wertevorstellungen einher, die allmählich immer mehr Anhänger fanden und später auch das bürgerliche Lager erfassten. Der vom marxistischen Soziologen und Wortführer der westdeutschen Studentenbewegung, Rudi Dutschke, 1967 propagierte „Marsch durch die Institutionen", ein linkssozialistisches Strategie-Konzept, – in der Folge theoretisch und rhetorisch unterstützt von den neomarxistischen Gründer-Professoren der *Frankfurter Schule* (Max Horkheimer, Theodor W. Adorno, später auch Jürgen Habermas und Herbert Marcuse u.a.) –, setzte eine beständige Infiltration der Gesellschaft und ihrer politischen Institutionen mit linkem Gedankengut in Kraft, was schließlich in der Zerstörung der Institutionen enden und in der Machtergreifung der Linken enden sollte.

Ihren beachtlichen Einfluss, der bis heute nicht erloschen ist, verdankte die *Frankfurter Schule* dem enormen Medieninteresse an ihrer *Kritischen Theorie* und der daraus folgenden medialen Verbreitung, wie sie noch keine politische Gruppe zuvor und danach erfuhr. Die NZZ[27] zitierte in einem Feuilleton vom März 2016 den zur damals konkurrierenden Kölner Schule der *Soziologie* gehörenden *René König*, der 1968 wie folgt über die *Frankfurter Schule* urteilte: „Noch niemals hat eine scheinbar so esoterische Gruppe von Intellektuellen einen so starken Gebrauch von Massenmedien gemacht und in ihnen einen so großen Erfolg zu verzeichnen gehabt wie die Vertreter der *Kritischen Theorie.*" Erstaunlich ist vor allem, wie stark die zeitgeistfremde und radikale Negativität dieser Theoretiker Einfluss und Wirkung auf die intellektuelle Konstitution der Bundesrepublik Deutschland erzielen und einen Wertewandel, vor

[27] *NZZ Feuilleton 19.03.2016:Was von der Frankfurter Schule übrig ist/Das große Nein ist passé, Joachim Güntner*

allem in Kultur und Gesellschaft, bewirken konnten.

Der Generaldefekt und der Triumph des Trivialen

Über 40 Jahre später, nachdem die in ihrem Grundcharakter aufsässig-zersetzenden Willensprozesse beharrlich ihren Lauf genommen hatten, sich schließlich in Alltagspraktiken verfestigten und bis heute einen Allgemeinzustand zu entfalten vermochten, der sich als „mentaler, kultureller und gesellschaftspolitischer Generaldefekt" beschreiben ließe, stehen wir vor dem Zerfall einer einst stabilen und verbindlichen Gesellschaftsordnung, einer bislang größtenteils nachvollziehbaren Kulturgestaltung und einer handlungsorientierten Politik, die heute jedoch ihre Funktionskompetenzen dramatisch eingebüßt hat. Der kritische Beobachter erlebt somit eine Zeitqualität, der jeglicher Ernst für ihre Probleme und Erfordernisse abhanden gekommen ist. Nicht nur Institutionen büßten weitgehend ihre Sinnfunktion ein, sondern auch das Gros der Politik, die Hauptmedien und das Sozialgefüge. Die Politik stagniert in beklemmender Ratlosigkeit und flüchtet sich in Scheinagenden. Medien berichten nicht mehr faktenkonform, sondern verstehen sich als Volkserzieher, die Justiz verblüfft immer öfter mit bestürzend schräger Rechtslogik, und auch die menschlichen Kardinaldisziplinen wie familiäre Bindungen, Gemeinschaftssinn, Fürsorge und Verantwortung sind dem Kontradiktat einer linken Sozialdisziplinierung zum Opfer gefallen.

Das linke Schöpfungsprojekt geriet zu einem von Menschlichkeit, Vernunft und Klarsicht befreiten Experimentierkult nach frühpubertären Mustern.

Die kommunikativen Prozesse ermöglichten schließlich den Triumph einer Trivialität, deren Mission unverbindliche Bedeutungslosigkeit als Lustprinzip versprach. Die Wirklichkeit geriet zum feindlichen Abstraktum, Eskapismus zur häufigsten Orientierungsoption, seichte Unterhaltung zum Sinnspender, Depersonalisation zum befreienden Identifikationsmodell. Common sense mutierte zum Common nonsense.

Jede Zeit erreicht eine Reife, die eine Zäsur darstellt. Die Zukunft entscheidet sich in dieser Zäsur. Die Gesellschaft und ihre Operateure befinden sich in einer Transition, deren Richtung wenig Erfolg verspricht. Zwar war es den Architekten dieser gegenwartsbefreiten Welt auch gelungen, dass ihr Neumensch-Konstrukt jenseits von Verantwortung, Pflichtgefühl, sozialen Bindungen und kritischer Vernunft einem vergnüglichen, rundumversorgten Dasein frönt, und dem nicht viel mehr abverlangt wird, als dem infantilen Lebenszirkus ein treuer Mitspieler zu sein, doch wird diese Verweigerung des Maturierens ein Nachspiel haben. Denn jeder Zustand des Intermediären ist endlich.

Der infantile Neumensch und sein greises Ego

Die Verweigerung des Realen hat einen Rückzug zur Folge, aus dem heraus sich Abwehrstrategien entwickeln, sobald das mentale und emotionale Refugium gestört wird. Vollzieht sich eine solche Verweigerung in Kollektiven, setzen sich bestimmte Abwehrmuster durch, die einander stark ähneln. Wenn ein Kind sich eine Traumwelt aufbaut und sich von den nüchternen Erfordernissen der Wirklichkeit darin belästigt oder bedroht fühlt, reagiert es mit Unwillen, Zorn, Protest oder anderweitiger starker Frustration. Es bedarf dann einer behutsamen und vernünftigen pädagogischen Führung, die das Kind mit den Gegebenheiten und Anforderungen der Wirklichkeit vertraut macht, damit es in der Welt des Realen bestehen kann. Unterbleibt dieser Entwicklungsschritt, wird das Kind später auch als Erwachsener Reaktionen zeigen, die dem eines Kindes gleichen und seine sozialen und beruflichen Chancen vermindern.

Die Realität ist eine Autorität, die anerkannt und adäquat beantwortet werden will.

Immer häufiger beobachtet man heute bei Erwachsenen ein Reaktionsgebaren, welches eher dem eines Kindes entspricht, das von der Realität überfordert ist. Es stellt sich die Frage, ob es eher die älteren Generationen sind, die – nach einer Friedenszeit von unglaublichen 70 Jahren – die Dynamiken der gegenwärtigen Entwicklungen als besorgniserregend erleben. Vielleicht sind ihnen noch von Angehörigen Erzählungen geläufig aus der Zeit des Zweiten Weltkrieges, von den Bombardements, den Sirenen und Luftschutzkellern, von Hunger und Kälte, gefallenen Soldaten und schließlich von den unfassbaren Verbrechen des Hitler-Regimes. Die Nachkriegsgenerationen waren die ersten, die mit der historischen Wiederaufarbeitung konfrontiert wurden. Ihnen sollte bewusst sein, dass es außer Frieden und Wohlstand noch etwas anderes geben kann. Dem ist leider nicht ganz so. Es ist oft verstörend, mit welch sturer Realitätsverweigerung und peinlicher Fehleinschätzung der Wirklichkeit sich gerade Alt-Linke, Alt-68er, abgeklärt-christliche Kleriker und NGO-Granden, in schonungslosem Altruismus gereifte Gutmenschen, verbissene Wächter über die politische Korrektheit, postklimakterische Esoterikerinnen und überhaupt ein stattliches Heer von linkskonditionierten Mentalgreisen lächerlich machen. So sind es wohl diese irrealen wie zwingend tradierten Sicherheitskreise aus Ideologien, Religionen und Aberglauben, welche den Blick auf die Realität vernebeln und den guten Mann, die gute Frau zum bockigzornigen Kind machen, sobald ihr Glaubens-Kokon ins Wanken gerät. Wie oft kann man erleben, dass viel jüngere Leute über eine wesentlich präzisere Fähigkeit zur Einschätzung der Realität verfügen als die ideologisch verbrämten Altvorderen. Das zumindest stimmt optimistisch.

Das Gesinnungsprimat und seine Grotesken

Hat sich die Wahrnehmung des Realen in dem Maße verändert, je länger sie den linken Indoktrinationen ausgesetzt war? Das linke Panoptikum jedenfalls hatte sein Spektrum mit einem Gegenwartsentzug bereichert, der seinesgleichen sucht. Der Kokon wurde zum Refugium, zur Schutz- und Wehrkirche, deren Glocken immer dann Sturm läuten, sobald sich die reale Außenwelt erfrecht, das darin gepredigte Credo zu stören oder gar zu widerlegen. So erlebt man in TV-Talkshows, in der Journalistik und bei Diskussionen im öffentlichen wie im privaten Bereich, dass die Vertreter des linken Gesinnungsprimats, – die bei TV-Diskussionsrunden zumeist in erstaunlicher Überzahl einer Minderheit von Andersdenkenden gegenübersitzen –, sofort in Aufruhr geraten, sobald ihre Dogmen in Frage gestellt oder befehdet werden. Sie echauffieren sich wie trotzige Kinder, denen man das geliebte Spielzeug entzogen hat. Das erzürnte Kind greift zum nächstliegenden Gegenstand und wirft ihn auf den „Feind“. So auch der Hüter des Gesinnungsprimats. Seine Wehrwaffe ist die einschüchternde Moral-Phrase, das Totschlagargument wie z.B. das Nazi-Stigma, die billige Relativierungsfloskel und der perfide, persönliche Untergriff. Mit Sachargumenten lässt er sich nicht beruhigen, im Gegenteil, seine Wut kennt keine Grenzen, und er ist imstande und auch willens, bis zum Äußersten zu gehen, was nicht selten in der existenziellen Vernichtung des Gegners enden kann. Und was hat der Kritiker verbrochen? Er hat auf die Realität verwiesen, die Gegenwart zitiert, Konsequenzen in Erinnerung gerufen, rezente Entwicklungen analysiert und eine Zeitdiagnose erstellt. Das ist zu viel des Schlechten. Mehr davon würde für die Schutzkirche der Geheiligten Utopie den Untergang bedeuten.

Das Kind will seinen Traum zurück. Mit aller Gewalt. Die Puppenküchenagenden der EU und der späte Blumenkindertraum

Die Agenden der Politik, sowohl in der EU als auch in den Nationalstaaten, haben sich in den letzten Jahren erheblich auf Nebensächlichkeiten reduziert und verblüffen mit ihrer Belanglosigkeit. Umso mehr, als sich gerade hierfür der bürokratische Aufwand ins Unermessliche zu steigern droht. Während sich die Gegenwart mit massiven wie ungelösten Problemen bis zum Bersten füllt, ersinnen etwa die hochbezahlten politischen Kurzschluss-Ingenieure der EU kleinlich-spießige Puppenküchenagenden, die von Gurkenbegradigung, stromsparendem Lichtlampen- und Staubsauger-Austausch, einem Anti-Plastiksackerl-Pakt bis hin zur Wasserverbrauchsrichtlinie für den Toilettengang reichen. Als habe sich die EU-Führung ausschließlich die privaten vier Wände der EU-Bürger zum Exerzierfeld für ihr bescheidenes Realitätsmanagement ausgesucht, während ante portas Hunderttausende von vorwiegend jungen, entwurzelten und nicht immer friedfertigen Männern, die ihre Stammländer von Marokko bis Afghanistan quasi über Nacht verlassen haben, um Einlass in die EU, speziell nach Deutschland, drängen. Hier schreit die Gegenwart am lautesten, doch genau hier stellt man sich taub, blind und uneinsichtig, wie es auch die deutsche Bundeskanzlerin Merkel fast täglich mit kleinmädchenhaftem Trotz vorexerziert. Man pflegt schließlich einen Traum: den Traum von einer besseren Welt, in der alle Menschen friedlich und respektvoll miteinander umgehen, ihr Ego beiseiteschieben und, mittels kollektivem Altruismus und dem hehren Christenpostulat des brüderlichen Teilens, auch alles Fremde aufnehmen und lieben lernen – ungeachtet der (wahrscheinlich) eintretenden sozialen Katastrophen, welche den Frieden im Heilsparadies – als Folge von Zuviel des Guten – eines Tages trüben könnten. Das esoterische Kopfkino der späten Blumenkinder behauptet sich jedoch unverdrossen: Utopie-gedopt, aufgehübscht von einem politisch korrekten Moralkatalog, von ethnischer Buntheit, herzigem Multikulti, globaler Gerechtigkeit, Gendergerechtigkeit, Religionsfreiheit, dem Staat als Erzieher und Rundumversorger, und einem heilsamen Leistungsstillstand.

Sie frohlocken von Vielfalt und meinen Brei. Zäsur wird zur Ewigkeit. Gegenwart war gestern. Man schafft das! Mit Links. Wohin?

Die Traumgesellschaft des kindhaften Neumenschen – ohne rationale Politik, Wirtschaftsinitiativen, Leistungs- und Bildungszwang, ohne ernstzunehmende juristische Konsequenzen für Schwerverbrecher, ohne Pflichtgefühl, Eigenverantwortung und menschliche Bindungsbedürfnisse – steht kurz vor ihrer Vollendung, die aber gleichzeitig auch ihr Ende einläutet. Der linke Traum ist möglicherweise weiter gegangen als er ursprünglich konzipiert war. Die Gegenwartsbefreiung hat auch jeden Gesellschaftskitt aufgelöst. Eine von allen Werten und Tabus entbundene Gesellschaft bildet keinen Gesellschaftskörper, sondern verliert sich in einer breitgestreuten Beliebigkeit an Existenzen; Verbindlichkeiten sind zerbrochen, Eigenschaften wie Verantwortung, Konsequenzdenken, Lebensplanung, Errungenschaft von Wissen und verfeinerten Kulturtechniken, Schaffung von Intellectual property, Erkennen von strukturellen Notwendigkeiten und deren Umsetzung u.v.m. haben ihre Bedeutung eingebüßt – ein Parallelgeschehen zum Zerfall der Autorität der Institutionen, der Familie, der Traditionen und des nationalen Zugehörigkeitsgefühls. Im Labyrinth der Hohlräume wird gefeiert (was eigentlich?), geblödelt, der schonungslosen Exhibition des Privaten gefrönt, exzessiv konsumiert und im Taumel des allgemeinen Werte-weg-Wandelns hemmungslose Selbstentfaltung praktiziert. Die politischeren Entfaltungspraktiker haben – nach der allgemeinen Gesellschaftsversexung – nun auch der Frühsexualisierung der Kinder Vorschub geleistet, die Gendergerechtigkeit unter radikaler Auflösung des normativen Geschlechterstatus eingeführt und Toleranz für alles und jeden propagiert, der auch noch die letzten Reste des alten Wertegefüges zu vernichten trachtet. Letzteres verfolgt übrigens auch der IS (Islamische Staat) zur Durchsetzung seines „avantgardistischen" Vernichtungsprojekts.

Der kulturrevolutionäre Veitstanz scheint fast zur Gänze vollbracht, dennoch zeigen sich Möglichkeiten einer Zukunft, wenn auch einer noch sehr ungewissen. Die Zeichen, dass die kulturelle und politische Dominanz der Linken zu bröckeln beginnt, kommen aus Teilen der Gesellschaft, welche die restlose Zertrümmerung nicht hinzunehmen willens sind. Gegenstimmen werden immer lauter, ein spürbarer Zorn auf die Hybris der paralysierten Eliten hat die Menschen erfasst, ihr Respekt vor der Politik und den Medien ist erloschen, was sich in immer häufigeren Protesten und Schmähungen äußert. Parteien erleben interne Spaltungen in gegensätzliche Lager, der Gehorsamsbegriff steht auf dem Prüfstand, große Teile der Bevölkerung sind in Bewegung geraten und rufen nach einem Paradigmenwechsel. Das linke Joch ist vielen Menschen unerträglich geworden. Die Geduld geht zu Ende.

Gleichzeitig schreiten die ideologische Erschöpfung und die geistige Ermattung der Linken, besonders der älteren, spürbar voran. Im Laufe ihres fast fünfzigjährigen Gesellschaftskrieges hat die Linke stark an revolutionärem Elan und Intellekt eingebüßt, was sich nicht nur an der Senilität ihrer geistigen Führer zeigt, sondern auch an der Reifeverzögerung ihrer von brennendem Antifaschismus getriebenen Nachfolgern, die sich und ihre Ideale mit altbackener Rhetorik, opfersüchtiger Xenophilie, infantilem Protest-Aktionismus, pathetischen Kerzerldemos, flegelhaften ad hominem-Attacken, Tortenwerfen, Brandschatzen, Randalieren und Denunzieren in Erinnerung rufen.

Immer mehr Menschen, die unter den Folgen dieses fast ein halbes Jahrhundert tobenden Voodoos gelitten haben und es gerade in diesen schwierigen und unsicheren Zeiten tun, sind heute bestrebt, ihre Gesellschaft aus dessen Fängen zu befreien, sie zurückzuholen und sie nach ihren Bedürfnissen und Notwendigkeiten zu gestalten. Linke Bevormundung, zynische Geringschätzung und sukzessive Zerstörung haben einen Sättigungsgrad erreicht, der sich in gänzlich neuen Strukturen entladen wird. Es wird schwer sein, die Schäden, welche dieser ideologische Firlefanz angerichtet hat, zu beheben, falls dies überhaupt möglich ist. Denn ein Wiederaufbau auf dem Sperrmüll des hippiesquen Neomarxismus wird durch die rezenten Herausforderungen massive Erschwernis erfahren. Neue Migrationswellen kündigen sich an, islamischer Dschihadismus hat Europa infiltriert und expandiert beharrlich, die Wirtschaft atrophiert, die Arbeitslosigkeit zeigt ein dauerhaftes Rekordhoch, das Bildungsniveau sinkt dramatisch, Steuergelder werden, ungeachtet der horrenden Staatsverschuldung, in haarsträubender Plan- und Sinnlosigkeit verschleudert, innere Sicherheit und Stabilität sind von internen wie externen Einflussfaktoren hochgradig gefährdet, und das stoische Laisser-faire der Politik wird angesichts der konkreten Gefahren von Terrorismus und importierten Bandenkriegen den sozialen Frieden in ein fernes Abseits drängen.

Es wird sich zeigen, ob die Gesellschaft noch genügend Substanz zur Verfügung hat, diese Herausforderungen zu bewältigen. Schafft sie es nicht oder lässt sie sich weiterhin auf einen infantil-utopischen und gegenwartsbefreiten Daseinsentwurf ein, provoziert sie eine Zukunft, in der sie sich als Gesellschaft erübrigt hat.

Henning Lindhoff

Ein Rumpelstilzchen namens Staat
Der Krieg gegen die Zukunft und die Rettung der Liebe

„Määää!“, schallt es undeutlich über den Tisch. Der Mund ist voll. „Meeeeehhhr!“ Lauter. Aber deutlicher. Der Mund ist nun etwas leerer. Dafür die Wangen verschmiert. Hände und Ohren ebenfalls. „Mehr!“ Der Blick wandert über den Frühstückstisch. „Brot!“ Der letzte Bissen ist noch nicht ganz hinuntergeschluckt, da will mein kleiner Sohnemann neben mir, dass ich erneut zum Brotmesser greife und schmiere, was das Zeug hält. Na gut. Wie könnte ich auch anders?

Während ich die nächste Brotscheibe belege, den nächsten Genuss-Overkill präpariere, streift ein flüchtiger Gedanke meine Synapsen. Kinder. Diese Ungeduld. Der Wohlfahrtsstaat. Das passt zusammen.

Wie es auch meine Kinder am Frühstückstisch kaum erwarten können, den nächsten erquicklichen Happen zu ergattern, hetzen die Menschen im Papiergeldsystem von einem Konsum-Happening zum nächsten. Je weniger sie dabei von der eigenen Hände Arbeit leben, desto seltener denken sie an das Morgen. Wie dem noch unreifen Kind ist ihnen Konsum in der Gegenwart wichtiger als eine Investition in der Zukunft. Oder wie es Wirtschaftswissenschaftler gerne formulieren: Sie weisen eine hohe Zeitpräferenz auf.

Marshmallows weisen den Weg

Was bedeutet „Zeitpräferenz" überhaupt? Wagen wir einmal einen Blick in die menschliche Seele.

40 Jahre ist es her, dass der Psychologie-Professor Walter Mischel ein wegweisendes Experiment an der Stanford University durchführte. Vierjährige Kinder stellte er vor die Entscheidung, entweder einen einzigen Marshmallow sofort zu essen, oder aber 15 Minuten zu warten, um einen zweiten Marshmallow zu erhalten.

Das Ergebnis: 70 Prozent der jungen Testkandidaten aßen die Nascherei sofort, nur 30 Prozent konnten warten und den Lohn einstreifen. Die Ungeduld junger Menschen ist allerdings kein alleiniges US-Phänomen. Das Marshmallow-Experiment wurde in den Folgejahren in Brasilien und Japan wiederholt – mit ganz ähnlichen Ergebnissen. Stets waren es zirka zwei Drittel der Kinder, die eine hohe Zeitpräferenz an den Tag legten, die sofortige schnelle Freude der späteren längeren Freude vorzogen. Damit hat diese Geschichte aber noch nicht ihr Ende gefunden.

Der Clou: 15 Jahre nach dem ersten Marshmallow-Experiment an der Stanford University wurden die SAT-Ergebnisse der damaligen Testkandidaten verglichen. (Der SAT, früher bekannt als Scholastic Assessment Test, ist ein US-amerikanischer Standardtest zur Überprüfung der Studierfähigkeit von Highschool-Absolventen.)

Und bei diesem Test erreichten die Marshmallow-Testkandidaten mit niedriger Zeitpräferenz ein wesentlich besseres Ergebnis von durchschnittlich 250 Punkten mehr als die Marshmallow-Testkandidaten mit hoher Zeitpräferenz.

Die Schlussfolgerung: Die Fähigkeit, auf eine Belohnung für die eigene Leistung warten zu können, stellt einen wichtigen Indikator für späteren beruflichen Erfolg dar. Kinder, die bereits heute eine niedrige Zeitpräferenz aufweisen, werden im Erwachsenenalter mit großer Wahrscheinlichkeit bessere Leistungen abliefern als Kinder, die heute eine hohe Zeitpräferenz aufweisen und ihren Marshmallow sofort verspeisen.

Das Phänomen der Zeit und das subjektive Empfinden zeitlicher Abläufe sind komplex. Philip Zimbardo, einer der legendärsten US-amerikanischen Psychologen, publizierte Dutzende von Fachartikeln und Büchern zu diesem Thema. In seinem Buch „The Time Paradox" schildert er den bemerkenswerten Einfluss des individuell unterschiedlichen Zeitgefühls auf das Handeln eines jeden einzelnen Menschen. Zimbardo unterscheidet dabei zwischen vergangenheits-, gegenwarts- und zukunftsorientierten Menschen. Kombiniert mit einer Optimist-Pessimist-Skala ergeben sich daraus sechs verschiedene Perspektiven.

Vergangenheitsoptimisten und Vergangenheitspessimisten bewerten ihre persönliche Historie gänzlich unterschiedlich. Gegenwartsoptimisten (Hedonisten) leben für den Moment, für den Kick, für den Augenblick. Sie versuchen, so viel Glück im Hier und Jetzt zu erleben wie möglich. Gegenwartspessimisten (Fatalisten) sind ängstlich, traurig und sind davon überzeugt, die Würfel ihres Schicksals seien bereits unabänderlich gefallen. Hinzu gesellen sich Zukunftspessimisten, die viel Zeit in die Planung vor ihnen liegender Ereignisse investieren, und Zukunftsoptimisten, die laut Zimbardo an ein Leben nach dem Tod glauben.

Unsere menschliche Natur legt ein Übergewicht auf die Gegenwart, auf die Erfüllung der heutigen Bedürfnisse. Pläne für die Zukunft besitzen nicht ganz so viel Gewicht.

Doch genauso wie eine hohe Zeitpräferenz das Überleben sichert, legt das zukunftsgewandte Planen den Grundstein für langfristigen Erfolg. Zukunftsorientierung bildet den Grundstein dafür, dass der Mensch die Leiter des Erfolgs Schritt für Schritt erklimmen kann (und will). Ein zukunftsorientierter Student beispielsweise wird sich auf bevorstehende Prüfungen vorbereiten anstatt seine Zeit an der Spielkonsole zu verdaddeln. Doch dazu bedarf es einiger Disziplin. Von Natur aus ist der Mensch auf die Gegenwart fokussiert. Erst Erziehung, die Nachahmung von Rollenmodellen und das eigene Streben lassen ihn von Jahr zu Jahr intensiver an das Morgen denken. Auch eine stabile Gegenwart, das heißt sichere aktuelle Lebensumstände und die Befriedigung aller derzeitigen Grundbedürfnisse, stellt eine wichtige Voraussetzung dar. Erst wenn wir auf die Gegenwart vertrauen können, ist es uns möglich, Pläne für die Zukunft zu schmieden.

Eine Erkenntnis überrascht nicht: Wenn wir älter werden, verändert sich unsere Wahrnehmung der Zeit. In vielen Fällen sinkt die Zeitpräferenz. Das Hier und Heute wird weniger wichtig. Der Mensch macht sich vermehrt Gedanken um das, was nach ihm sein und werden wird. Die eigene Familie, der eigene Nachwuchs werden wichtiger. Der alternde Mensch nimmt die Zukunft stärker in den Blick und fokussiert langfristige Ziele.

Rumpelstilzchen hat an der Uhr gedreht

An diesem Punkt jedoch züngeln Rumpelstilzchens Ärmchen. Der allzeit alles und jeden umsorgende Nanny-Staat und sein Wohlfahrtssystem legen der Entwicklung des Einzelnen vom gegenwartsbezogenen Hedonisten hin zum verantwortungsbewusst, nachhaltig handelnden Erwachsenen schwere Steine in den Weg. In allzu vielen Fällen transformiert der Vollversorger Staat vernunftbegabte Erwachsene wieder zu Kindern. Die Playstation wird wichtiger, der Fernseher, die kleinen Genüsse im Hier und Jetzt. Die eigenmächtige Versorgung der Angehörigen verliert an Bedeutung.

Dem vom Vater Staat umsorgten Untertan gelingt es nur mit Mühe, Bedürfnisse in der Gegenwart zurückzustellen. Er misst dem Zeitpunkt der Befriedigung einen sehr hohen Wert zu. Ihm ist es wichtiger, wann er ein ersehntes Gut erhält, als wie viel er von diesem Gut erhält. Seine Sparneigung ist im Zuge dessen nicht sonderlich stark ausgeprägt. Er zeigt nur wenig Gespür für die Zukunft, für Anforderungen und Gefahren, die ihn erst in den kommenden Wochen, Monaten oder Jahren erwarten werden. Darin zeigt er sich dem Kleinkind nicht unähnlich.

Das Kleinkind erwirbt erst im Laufe des Lebens und seiner Erziehung die Fähigkeit, zukünftige Ereignisse vorherzusehen oder zu erahnen, sie einzuplanen oder die Wahrscheinlichkeit ihres Eintretens abzuwägen. Erst im Erwachsenenalter zumeist gelingt es den meisten Menschen, ihre Zeitpräferenz anzupassen, um sich für zukünftige Ereignisse zu wappnen. Die Sparneigung steigt in Folge dessen.

Der Wohlfahrtsstaat sorgt jedoch dafür, dass sich selbst ehemals vernünftige Individuen wieder wie kleine Kinder benehmen, sobald sie in seine Fänge geraten. Warum sollten sie auch sparen, wenn am Monatsende wieder die nächste Papiergeldration wartet, die sie durch die nächsten 30 Tage bringen wird?

Um in ökonomischen Begrifflichkeiten zu sprechen: Der Wohlfahrtsstaat und seine materiellen Versprechungen befeuern die Zeitpräferenz der Menschen. Den Menschen wird es wichtiger, im Hier und Jetzt zu leben, den Augenblick zu genießen, anstatt langfristig ein besseres Dasein, einen höheren Lebensstandard in Angriff zu nehmen. Sie geben sich mit weniger, eben mit politisch garantierter „Staatskohle" zufrieden, anstatt mal etwas zu riskieren und sich ein besseres Leben aufzubauen. Im Hier und Jetzt werden schließlich schon alle Grundbedürfnisse durch Vater Staat gedeckt, mit Aussicht auf mehr – Stichwort „kulturelle Teilhabe". Warum also für eine ungewisse Zukunft rackern?

Auf diese Weise fördert der Wohlfahrtsstaat den Materialismus der Gegenwart, tötet den Ehrgeiz, die Sparsamkeit und die Risikobereitschaft der Menschen. Die Menschen im Wohlfahrtsstaat neigen dazu, sich auf einem niedrigen Existenzlevel auszuruhen. Die aufklärerische Losung „Werde, wer du bist!" bleibt ungehört.

Hinzu kommt die vom Papiergeldfluss angeheizte Konsumkreditvergabe. Die Masse des Papiergeldes fließt mehr und mehr in Kredite, die meist nicht Investitionen sondern dem reinen Konsum dienen. Das Verhängnisvolle: Der Kreditnehmer fesselt sich dabei mit jedem neuen Kredit mehr und mehr an das eigene Hamsterrad, denn mit jedem Kauf auf Pump verpfändet er ein weiteres Stück seines zukünftigen Einkommens. Als Schuldsklave ist er zur Arbeit verdammt. Die Möglichkeiten zur individuellen Selbstverwirklichung und zum Streben nach Glück werden mit jedem Konsumkredit weniger.

Synthetische Liebe aus dem Steuergeldtrog

Gerade das Leben in der Familie bietet jedoch reichlich Stoff und Gelegenheiten, um ökonomische Prozesse nachvollziehen und den Wert der Eigenverantwortung erkennen zu können.

Das Erziehen der Kinder, aber auch das gemeinsame Eheleben stellt beide Partner immer wieder vor große Hürden. Das süße Lächeln der lieben Kleinen ist alsbald nicht immer mehr so süß, wie manch ein müdes und gestresstes Elternteil es sich kurz nach der Geburt noch wünschte. Zügiger als erhofft bahnen sich allerlei Streitigkeiten ihren Weg. Und aufgrund immer begrenzter Ressourcen der Familie wird das pädagogische und kommunikative Geschick abgefragt.

Finanzielle Fragen und Bedürfnisse lassen sich sicherlich in den meisten Fällen per Ehevertrag regeln, doch die Nutzung der gemeinsamen Zeit, dem höchsten aller Güter, bleibt ein stets aktuelles und immer wieder aufs Neue zu verhandelndes Thema. Konflikte zwischen Eltern und Kindern mehren sich – ein natürlicher, aber energieverzehrender Prozess. Der Vater sucht nach Ablenkung in der Werkstatt. Die Frau fordert seine Hilfe im Haushalt und würde sich gerne auch wieder auf beruflicher Ebene verwirklichen. Die Kinder widersetzen sich den elterlichen Anweisungen, entfliehen dem Haushalt und suchen Bestätigung unter Gleichaltrigen. Die gemeinsame Zeit wird knapp. Viele verschiedene Bedürfnisse müssen unter einen Familienhut gebracht werden.

Dies alles will bewirtschaftet werden. Allzeit und allseits knappe Ressourcen verlangen nach besonnenen Entscheidungen, nach klugen Überlegungen und Diskussionen – über die Gegenwart und die Zukunft.

Die Ökonomie des Familienlebens, seine Sachzwänge und knappen Ressourcen sind ein Naturgesetz, ein ewiges Los, das die Menschheit seit Jahrtausenden unerbittlich verfolgt. Doch auch an diesem Punkt läuft Rumpelstilzchen Staat Amok. Hinter dem Schleier des Guten und Gerechten verfolgt es eine Strategie der steten Entwertung von Familie, Verantwortung und Liebe. Rumpelstilzchen Staat baut steuergeldfinanzierte Ganztagsschulen und –kindergärten, die letztendlich die Kosten der Berufstätigkeit senken und damit beide Elternteile dazu verleiten, weniger Zeit mit dem eigenen Nachwuchs zu verbringen. Stattdessen frönen sie ihrer Karriere, die letztlich meist nicht mehr darstellt als der vom Papiergeldsystem angeheizte Endlosspurt im Hamsterrad. Währenddessen tauchen ihre Kinder voll und ganz in die Wonnen der Peer group-Horde ab und entwickeln ausgeprägte asoziale Verhaltensweisen. Ihnen fehlt der soziale Druck der Familie, der dem Hedonismus unter Gleichaltrigen Einhalt gebieten könnte. Im Zuge all dessen häufen sich die Ehescheidungen und Familientrennungen. Nur wenige wissen noch den Wert der Familie zu schätzen, ihren Zusammenhalt, ihren Kitt. Natürliche Abhängigkeiten auf kleiner, familiärer Ebene löst Rumpelstilzchen Staat mit seiner steuergeldgemästeten Synthetikliebe ab. Warum noch füreinander sorgen, wenn der Gang zum Sozialamt immer kürzer wird?

Rumpelstilzchens größter Clou

So wird die traditionelle Form der Familie dem modernen Wohlfahrtsstaat auf den Altar gelegt. Die Bande zwischen Eltern und Kindern wird gekappt. Der Anreiz, Kinder in die Welt zu setzen, diese vor allem auch zu einem verantwortungsbewussten Leben in Selbständigkeit zu erziehen, versiegt zusehends. Hippe, unkonventionelle, vom Staat aber wohlwollend subventionierte, Familienmodelle sprießen allerorten. Jede Form von Autorität abseits des staatlichen Gewaltmonopols wird ihrer Erziehungsmittel beraubt, was letztendlich dazu führt, dass sich vormals gewachsene kleine Gemeinschaften, wie zum Beispiel die Familie, in ihre Einzelteile auflösen. Das Individuum Mensch steht dem Staat nunmehr allein gegenüber.

Der Profiteur dieser Entwicklung ist das Rumpelstilzchen und mit ihm alle, die früh genug die Zeichen der Zeit erkannt haben und auf die „richtige", auf die steuergeldfinanzierte Seite der Plünderer gewechselt sind.

Die staatlichen Papiergeldjongleure missbilligen vernünftige Individuen. Sie lechzen nach kindlichen Untertanen. Denn nur diesen sind sie gewachsen. Nur dank kindlicher Naivität der bürgerlichen Beobachter, gefüttert aus den Papiergeldkanonen der Zentralbanken, können ihr demokratisches Gezänk und ihre politisierende Hybris als Ausgeburten einer vermeintlich freiheitlichen Gesellschaftsordnung erstrahlen. Ihre kindlichen Untertanen aber sind blind für den totalitären Wolf im demokratischen Schafspelz.

Das Streben nach Glück

Ein düsteres Bild ist gezeichnet. Das Rumpelstilzchen hat mit ganzer Kraft bereits gewütet. Doch es gilt, die Augen nicht vor den positiven Beispielen, vor den inspirierenden Leitbildern zu verschließen. Machen wir einen Anfang!

Kennen Sie Chris Gardner?

Chris Gardner ist heute 62 Jahre alt. Nach seiner Zeit bei der Navy verdingte er sich in den 1980er-Jahren als Verkäufer von Knochendichtemessgeräten, die er allerdings nur schwer an den medizinisch gebildeten Mann bringen konnte. Als er in San Francisco zufällig auf der Straße einen Mann namens Bob Bridges traf, fragte er ihn, auf den roten Ferrari zeigend, aus dem Bridges gerade gestiegen war: „Was tun Sie? Und wie tun Sie es?“ Bob Bridges erklärte ihm kurz seine Profession als Börsenmakler, sagte, dass man nur mit Zahlen und Kunden umgehen können müsse. Er riet ihm, ein Trainee-Programm in einer Investmentgesellschaft zu machen, von dem er gehört hatte, und machte ihn mit anderen Broker-Größen bekannt. Während des Praktikums verstärkten sich Gardners finanzielle Probleme. Während er tagsüber zur Arbeit ging, übernachtete er mit seinem kleinen Sohn Christopher fast ein Jahr lang in Obdachlosenheimen und einige Male auch in Toiletten der U-Bahn-Stationen.

Doch Chris Gardner hatte ein Ziel. Er war fleißig, arbeitete hart und bekam nach der Broker-Ausbildung einen gut dotierten Job, wurde später mit seiner eigenen Firma „Gardner Rich“ zum Millionär. Mit der Buchfassung seiner Geschichte eroberte er die Spitze der US-Bestsellerliste. Das Buch wurde schließlich auch unter dem Titel „Das Streben nach Glück“ mit Will Smith in der Hauptrolle verfilmt.

Heute unterstützt Chris Gardner zahlreiche Wohltätigkeitsorganisationen, darunter die Glide Memorial United Methodist Church in San Francisco, in der er damals in Not mit seinem Sohn Unterkunft fand.

Chris Gardner hat damit den zum Mythos gewordenen Weg vom Tellerwäscher zum Millionär eindrucksvoll absolviert. Ihm gelang dies, indem er nicht den ganz natürlichen Neidgefühlen, die jeder

Mensch empfindet, in negativer Art und Weise nachgab. Er verteufelte und beschimpfte diejenigen nicht, die es bereits finanziell zu etwas gebracht hatten, sondern nutzte seine Neidgefühle positiv und fragte Bob Bridges nach dessen Erfolgsrezept. Er nahm sich diesen zum Vorbild, setzte seinen eigenen Fleiß und sein Engagement ein, um sein Leben in erfolgversprechendere Bahnen zu lenken. Ehrgeiz, Fleiß und die richtigen Vorbilder waren sein Erfolgsrezept.

Ein Happy End namens Eigentum

Chris Gardner schenkt uns Hoffnung. Und diese ist keinesfalls vergebens.

Denn genauso wie ein jeder junge und jüngere Mensch Verantwortung eintauschen möchte gegen die schnellen Freuden und Genüsse im Hier und Jetzt, spricht er ebenso bei jeder sich bietenden Gelegenheit: „Ich hatte es zuerst!" Der Nachwuchs spürt intuitiv, dass er als Erstnutzer eines Gegenstandes eine gewisse moralische Überlegenheit gegenüber späteren Eigentumsansprüchen genießen darf. Das gesunde Empfinden für Eigentum ist einem jeden Menschen in die Wiege gelegt.

Auf diese Intuition gilt es aufzubauen. Hinzu muss die Erinnerung an Fleiß, Ehrgeiz und an das Recht eines jeden Menschen auf das Streben nach Glück treten. Dann womöglich kann es gelingen, die Liebe zu retten und Rumpelstilzchen in die Flucht zu schlagen.

Martin Lichtmesz
Staatsziel Buntheit. Notizen zur Regression der politischen Sprache

Deutschland ist *bunt* wie nie. Aber *bunt* sind auch die Zufallsgemälde des Schimpansen Congo.

Dimitrios Kisoudis

I.

„Bunt" bedeutet „vielfarbig" oder „mehrfarbig" im Gegensatz zu „einfarbig" oder „eintönig". „Bunt" ist nicht dasselbe wie „farbig"; „bunt" konnotiert ein ungeordnetes Durcheinander von Farben oder eine übermäßige Anhäufung von allzu vielen Farben ohne kompositorische Erwägungen. „Bunt" impliziert auch eher gesättigte oder gar grelle Farbtöne, ungemischte, leuchtende, beliebig zusammengewürfelte Primärfarben: Wo es „knallbunt" oder „kunterbunt" zugeht, denkt man an Karneval, Party, anarchischen, kindlichen bis kindischen Spaß. Das Grimm'sche Wörterbuch nennt zu dem Begriff „bunt" folgende Redewendungen: „es wird bunt, sieht bunt aus, geht bunt, geht bunt zu oder her (drunter und drüber), es wird mir bunt vor den Augen." Kinder lieben satte, kräftige Farben und bunte Kombinationen. Auch Frauen, die der Welt und dem Fühlen der Kinder näher stehen als Männer, neigen häufiger zur „Buntheit" als diese. Bei erwachsenen Männern wirkt die Vorliebe für Buntheit, etwa im Kleidungsstil, meistens eher affektiert, juvenil, unseriös, geschmacklos, theatralisch, effeminiert oder gar „schwul". Die

„LGTB"-Community der Lesben, Schwulen, Trans- oder Bisexuellen (eine Aufzählung, die noch lange nicht alle gängigen Varianten erschöpft) betont in der Regel stark die femininen oder feminisierenden Aspekte der Homosexualität. „Das Wort gay impliziert Verweiblichung, daran führt kein Weg vorbei", schrieb der homosexuelle Autor Jack Donovan in seinem Buch Androphilia. In früheren Zeiten bedeutete es so viel wie „farbenfroh" oder „fröhlich". „Diese alte Bedeutung lebt in der Schwulenkultur fort, mit ihrer Obstkuchen-Symbolik wie den allgegenwärtigen Regenbogen-Fahnen. Farben wie rosa oder lila, die meistens mit kleinen Mädchen assoziiert werden, werden auch mit der Schwulenbewegung in Verbindung gebracht." Auf „Regenbogenparaden" präsentiert sich die Schwulen- & Lesben-Subkultur heute gerne als schrille, ästhetisch bis ins Groteske gesteigerte Partygemeinschaft, in der alle nur erdenklichen sexuellen Neigungen, Fetische und Perversionen abgefeiert werden und aggressiv ihre Anerkennung durch den „heteronormativen" Mainstream einfordern. Der effeminierte Homosexuelle ist heute ein kultisch verehrter Bestandteil der linken „Diversitäts"-Politik: Wer für die multikulturalistische „Buntheit" der Gesellschaft streitet, unterstützt in der Regel auch die Schwulenbewegung, die sich ihrerseits linken Agenden wie dem Feminismus, der Dekonstruktion der Familie, der Totalliberalisierung der Sitten, dem Antirassismus und so weiter verschrieben hat. Den Multikulturalisten wie den solcherart politisierten Schwulen (nicht jeder Homosexuelle steht links oder identifiziert sich mit der Regenbogenästhetik der Szene) ist gemein, dass sie eine weitgehend hedonistische Auffassung von der Gesellschaft haben: Sexualität ist dann purer „Spaß" ohne Verantwortung und Konsequenzen (wie etwa Fortpflanzung, Kinder und Familie), während die „Vielfalt" des Multikulturalismus in der Regel wie ein wachsendes Angebot an Konsumgütern präsentiert wird, etwa an exotischen Speisen und Restaurants, an Kleidungsstilen und Trommelworkshops.

Zusammen mit der „Vielfalt“ hat das Adjektiv „bunt“ in der Spätphase der Bundesrepublik Deutschland eine politische Karriere gemacht, über die sich die Staatsmänner früherer Zeiten wohl nur gewundert hätten. Ich kann mir jedenfalls kaum vorstellen, dass ein Gustav Stresemann oder ein Theodor Heuss Sätze wie diese über die Lippen gebracht hätten: „Wir müssen unser Land weiter internationalisieren. Das können wir schon hier bei uns einüben in unserer Bundesrepublik, in unserer bunten Republik Deutschland. Unsere Vielfalt ist zwar manchmal auch anstrengend, aber sie ist letztlich Quelle der Kraft und der Ideen und eine Möglichkeit, die Welt mit anderen Augen zu sehen und aus unterschiedlichen Blickwinkeln kennenzulernen.“ Dieser Meilenstein jenes Sprachgebrauchs, um den es hier gehen soll, stammt aus der Antrittsrede des Bundespräsidenten Christian Wulff (CDU) vom 2. Juli 2010, in der die beiden Begriff „bunt“ und „Vielfalt“ mustergültig miteinander kombiniert wurden. Ihre Genese reicht allerdings viel weiter zurück. In der Tat hatte bereits Roman Herzog in seiner Amtsantrittsrede vom 1. Juli 1994 von einem „bunteren“ Deutschland gesprochen, als er sich, knapp vier Jahre nach der deutschen Einheit gegen die „Idee des Einheitsdeutschen“ wandte und verkündete: „Deutschland ist am 3. Oktober 1990 nicht nur größer und bevölkerungsreicher geworden, es ist auch bunter, widersprüchlicher und sogar konfliktreicher geworden.“ Das war wohl noch auf die Spannungen zwischen „Wessis“ und „Ossis“ und den durch die deutsche Einheit erweiterten Binnenpluralismus innerhalb Deutschlands gemünzt, in einem ähnlichen Sinne, wie noch Herzogs Vorgänger Richard von Weizsäcker das heute einseitig kontaminierte Schlagwort „Vielfalt“ zu benutzen pflegte: „Die deutsche Geschichte ist durch die Vielfalt der Regionen, der Konfessionen und Lebensgefühle geprägt.“ (24. Mai 1989, apropos 40 Jahre Grundgesetz der Bundesrepublik Deutschland). Oder: „Aus der Vielfalt der regionalen Verwurzelung haben wir in unserer Geschichte oft unsere besten Kräfte bezogen." (Weihnachtsansprache vom 24. Dezember 1990). Das stammte aus Zeiten, als man sich noch bewusst war, dass eine große, alte, komplizierte, spannungsreiche und notorisch zerrissene Nation wie Deutschland an sich schon „vielfältig" und „bunt" sei, und nicht der massenhaften Zuwanderung bedürfe, um aus ihrer schnöden, öden Einfalt erlöst zu werden. Die Idee, dass Deutschland und Deutschsein an sich schon etwas „Vielfältiges" und „Buntes" sein könnten, ist seither nahezu völlig aus der Vorstellungswelt der deutschen Politiker und Meinungsmacher verschwunden. Vielmehr ist es heute üblich, die beiden Begriffe als Gegensätze aufzufassen: Die Vorstellung eines „deutschen" Deutschlands, eines Deutschlands als Land der Deutschen und als Land, „in dem die Deutschen leben", gilt heute als monoton „grau" bis nationalsozialistisch-„völkisch" „braun", während „Buntheit" und „Vielfalt" einzig und allein durch die Segnungen des Multikulturalismus möglich sein sollen, mithin durch die Umgestaltung des Landes in einen Vielvölkerstaat. Bereits 1989 sang Udo Lindenberg in diesem Sinne von der „bunten Republik Deutschland":

Egal ob Du ,n Italdieser bist,
oder ,n Italjener.
Egal, ob Du ,n fescher Deutscher bist,
oder ,n Türke, ,n schöner,
Egal, ob Chinese, ob Irokese,
ob Grieche oder Torero,
Egal, ob japanischer Sumo-Spezi
oder Fachmann für Bolero.

Bunte Republik Deutschland,
ganze Jumbos voller Eskimos,
wie in New York City
– richtig schwer was los.
Wir steh'n am Bahnsteig und begrüßen jeden Zug,
denn graue deutsche Mäuse,
die haben wir schon genug.

Ein alberner Popsong, gewiss; aber sein Inhalt ist längst zum Programm der deutschen Staatspolitik aufgestiegen, was nicht zuletzt von Christian Wulff per Lindenberg-Zitat bekräftigt wurde. Die Deutschen werden nun schon seit drei Jahrzehnten dazu konditioniert, den Multikulturalismus in diesem Sinne als „Spaß" und Karneval wahrzunehmen, als Zutat, die ihren Hedonismus im wesentlichen nicht stört, ihren Hang zum humanitären „Gutsein" befriedigt, sie vom stigmatisierten, unattraktiv gewordenen Deutschsein erlöst, und die in der etwas trockeneren Version „Bereicherungen", „Herausforderungen" und „Chancen" bringt. Den immer virulenter werdenden Einzug des Vokabulars der „bunten Vielfalt" in die Rhetorik der Spitzen des Staates fällt wohl nicht zufällig ungefähr mit der Zeit nach der Wende zusammen, als es zunehmend galt, Deutschland „nach innen zu verdünnen, nach außen einzuhegen", um es in den Worten der nach Joschka Fischer benannten „Fischer-Doktrin" zu sagen. Das bedeutet nichts anderes, als die außenpolitische staatliche Souveränität Deutschlands nach Kräften zu beschneiden, und innenpolitisch die ethnisch-kulturelle Homogenität des Staatsvolkes aufzulösen, womit dem deutschen Nationalstaat und der deutschen Demokratie, wie sie noch die Väter des Grundgesetzes wie selbstverständlich vor Augen hatten, überhaupt die Grundlage entzogen wäre. Diesen Prozess als lustige „Verbuntung" des Mausgrauen oder Nazibraunen hinzustellen, ist sozusagen der Zuckerguss über einer knallharten globalistischen, internationalistischen, marktimperialistischen Politik, deren vorgebliche utopische Ziele man dadurch zu erreichen glaubt, indem man die nationalen Identitäten der Völker – nicht nur der Deutschen – immer mehr abschleift. Drei Jahre nach seiner Antrittsrede benutzte Herzog das Wort „bunt" bereits in diesem globalistischen Sinne: „Ich wünsche mir eine Gesellschaft, die die europäische Einigung nicht als Technik des Zusammenlebens versteht, sondern die Europa als Teil ihrer politischen und kulturellen Identität empfindet und bereit ist, diese in der bunter werdenden Welt zu bewahren und zu bewähren." (26. April 1997) Als wäre die „Welt" vor den Zeiten der Globalisierung mit ihrer Vereinheitlichung der Lebensweisen und des Konsumverhaltens nach westlichem Vorbild weniger „bunt" gewesen! Während Herzog hier immerhin noch davon spricht, eine „politische und kulturelle Identität" zu „bewahren", so wird in den Reden seiner Nachfolger zunehmend hervorgehoben, dass diese Identität einem „Wandel" unterliegt, dass nicht nur die Welt, sondern auch und insbesondere Deutschland immer „bunter" wird und werden soll. Am 13. Januar 2010 formulierte etwa Horst Köhler: „Deutschland steht vor großen Herausforderungen. Ich nenne nur als Stichworte: Den demographischen Wandel bei uns – wir werden weniger, älter, wir werden bunter – und die ökologische Transformation, die wir uns vorgenommen haben." Was hat nun der vieldiskutierte „demographische Wandel" mit „Bunterwerden" zu tun? „Bunter" in welchem Sinn? „Bunt" scheint zu implizieren, dass es sich um eine Entwicklung handelt, die im Grunde nett, harmlos, unterhaltsam, spaßig, fröhlich, „spannend" und angenehm ist, wenn auch vielleicht zu chaotischeren, ungeordneteren und unübersichtlicheren Zuständen führt als bisher. Dass beide Begriffe, „bunt" und „demographischer Wandel" zusammengehören, gilt jedenfalls als ausgemachte Sache. 2016 etwa lautete das Thema des Stiftungstages des Bundesverbandes Deutscher Stiftungen: „Älter – bunter – anders: Demografischer Wandel und Stiftungen". Der Vortrag „Der demografische Wandel in Deutschland – Chancen und Mythen" von Prof. Dr. Thomas Straubhaar ließ keinen Zweifel daran, worum es hier geht. Im auf www.stiftungen.org auffindbaren Thesenpapier kann man die Gleichung nachlesen: Geringe Geburtenzahlen + steigende Lebenserwartung + Zuwanderung = schrumpfende Bevölkerungszahl, alternde Bevölkerung, „Deutschland wird bunter" (so wörtlich). Das ist nun ein- und dieselbe Entwicklung, die Kritiker als „Umvolkung" oder im Gefolge des Schriftstellers Renaud Camus als „Großer Austausch" beschreiben: ein genetischer, ethnischer, kultureller Bevölkerungsaustausch, an dessen Ende nach dem Willen seiner Betreiber ein globalisiertes, entnationalisiertes, entwurzeltes, in Massenkonsum, Massendemokratie und „Menschenrechten" geeintes Volk stehen soll. Damit wird die nationale, deutsche und europäische Identität weder bewahrt noch bewährt, sondern schlichtweg ausgehöhlt und semantisch radikal umgedeutet. „Deutschland" wird dann zum bloßen geographischen Standort, ein „Deutscher" ist ein Passinhaber, und „Deutschsein" bedeutet ein Bekenntnis zu universalistischen Werten, etwa „Demokratie", „Toleranz", „Vielfalt" und „Menschenrechte". Der Begriff „demografischer Wandel" ist also nichts anderes als ein Euphemismus, denn er bedeutet letztlich die Auflösung, Abschaffung und Auslöschung eines historisch gewachsenen Volkes. Der Begriff „bunt" hingegen kaschiert nichts anderes als eine moderne Form der Rassen-, Bio- und Bevölkerungspolitik. Seine Verkünder hüten sich freilich, das böse belastete Wort „Rasse" in den Mund zu nehmen, auch wenn sie paradoxerweise ständig vom „Antirassismus" sprechen. Dabei sind sie nicht immer so explizit „rassistisch" wie etwa die syrischstämmige Vorzeigeintegrierte Lamya Kaddor, die in einer Fernsehsendung äußerte, „Deutschsein" werde „in Zukunft bedeuten, einen Migrationshintergrund zu haben": „Nicht mehr autochthon, blaue Augen, und helle Haare" zu haben, sondern auch „ein Kopftuch zu tragen, dunkelhaarig zu sein oder wie auch immer zu sein." Oder wie die Stasi-Veteranin Anetta Kahane, die im Juli 2015 gegenüber dem Tagesspiegel äußerte, es sei „die größte Bankrotterklärung" der deutschen Politik seit der Wiedervereinigung, „dass ein Drittel des Staatsgebiets", nämlich der Osten Deutschlands, „weiß" geblieben sei. Diese Äußerung geschah im Zusammenhang mit der „Flüchtlingskrise": Kahane sah also offenbar in den heranströmenden Einwandererfluten eine Chance für eine Art seitenverkehrten Generalplan Ost 2.0. Dazu passte es auch, dass die Bundesregierung im März 2016 eine mit Bildern von kopulierenden Paaren reichlich illustrierte Online-Sexualanleitung in zwölf Sprachen speziell für Migranten und „Flüchtlinge" veröffentlichte (www.zanzu.de), um die Neuankömmlinge in die gängigen westlichen Sitten einzuweihen, und offenbar auch, um deren sich in Vergewaltigungen und Belästigungen austobenden Fortpflanzungstriebe in geordnetere Bahnen zu leiten. „Integration durch Penetration" also, wie Paul Nellen auf der „Achse des Guten" in einem verwandten Zusammenhang formulierte. Entsprechende bevölkerungspolitische Ermutigungen angesichts des afrikanischen Bevölkerungsüberschusses wurden auch von Wolfgang Schäuble in einem Interview mit der Zeit vom 8. Juni 2016 geäußert: „Die Abschottung ist doch das, was uns kaputt machen würde, was uns in Inzucht degenerieren ließe. Für uns sind Muslime in Deutschland eine Bereicherung unserer Offenheit und unserer Vielfalt!" Womit der Kreis zu Christian Wulff geschlossen wäre, der den Satz „Der Islam gehört zu Deutschland" zwar nicht als erster geäußert (Schäuble kam ihm bereits 2006 zuvor), aber immerhin, wie soll man sagen?, „populär" gemacht hat. Es wird also von den Regierenden selbst ausgesprochen: „Umvolkung" als biopolitische Bevölkerungspolitik, Großer Austausch, Islamisierung sind eins, und zudem nicht nur unumkehrbare und alternativlose, sondern überaus wünschenswerte Entwicklungen und „Chancen“. Je nachdrücklicher die Herrschenden dies behaupten, umso mehr scheint ihre Sprache zu degenerieren, bis hin zu immer skurriler werdenden Wendungen wie „Bereicherung unserer Offenheit und unserer Vielfalt“. „Vielfalt“ und „bunt“, Vokabeln, die in keiner Einwanderungs- und Integrationsdebatte fehlen dürfen, sind also nichts weiter als Codewörter für die Auflösung der Identität des Staatsvolkes.

Wie stark diese beide Zwillingsbegriffe sowohl „rassisch“ als auch gesellschaftsutopisch konnotiert sind, zeigt die Ästhetik der „Diversity“ und der „Einen Welt“, wie man sie etwa über eine Google-Bildersuche leicht studieren kann. Sie reicht von bunten händchenhaltenden Männchen, bunten Pünktchen- und Strichsymbolen oder bunten Abdrücken von Kinderpatschehändchen bis zu den aus den USA übernommenen Gruppenfotos von friedfertig lächelnden, glücklichen Menschen mit gelber, beiger, rosa, brauner, schwarzer und sonstiger Hautfarbe, die in multirassischer Eintracht schwelgen. „Bunte“ Casts dieser Art schmücken heute Werbeanzeigen aller Art, selbst noch in den unverfänglichsten politikfernsten Zusammenhängen. Regenbogen-Logos und ähnliche vielfarbige Verzierungen sind auch für alle einschlägigen staatlichen oder nicht-staatlichen Institutionen, Broschüren und Netzseiten ein Muss, die sich mit „Integration“, „Toleranz“ oder der Bekämpfung des „Rassismus“ beschäftigen. „Buntheit“ meint hier auf der rein optischen Ebene offenbar vor allem eine oberflächliche Buntheit der Hautfarben, womit ironischerweise gerade die Antirassisten den Menschen auf rein rassische Merkmale reduzieren, die allerdings auf rein äußere Dinge beschränkt sein sollen. In Wahrheit wollen die Verfechter der „Vielfalt“ wenig von realen, tatsächlichen, konkreten Unterschieden zwischen Menschen wissen – seien sie kultureller, religiöser, politischer, ethnischer, rassischer, geschlechtlicher, genetischer, mentaler oder intellektueller Natur. Wer darauf hinweist, und sei es auch nur dezent, gerät rasch in den Verdacht, ein „Rassist“, „Sexist“, „Fundamentalist“ oder ein verwandtes mutwillig diskriminierendes und ausgrenzendes Untier zu sein.

Michael Klonovsky bemerkte treffend in seinem *Netztagebuch „Acta Diurna“ (21. April 2016):* „Buntheit bedeutet, keiner soll glauben, er könne einfach so sein, wie er ist, grau zum Beispiel oder dunkeldeutsch, sondern dass jeder so bunt werden muss wie alle anderen. – Freund *** bemerkt, auf die Gesichter von Diversity-Progagandisten male sich sofort Missvergnügen, wenn man vorschlage, den Begriff „Vielfalt“ durch „Differenz“ zu ersetzen. An Differenz sei diesen Planierern ja gerade nicht gelegen.“

Nicht umsonst gleicht die „bunte“ Ästhetik der „Diversity“-Ideologie jener der Werbung für die beliebte Süßigkeit „Smarties“ („Viele, viele bunte *SMARTIES.* Die leckeren Schokolinsen für bunten Spielspaß bei Kindern und Erwachsenen.“) „Smarties“ sind Schokolinsen, die von einem knallbunten, gelben, blauen, roten, grünen etc. Zuckerguss umhüllt sind. Das ist allerdings auch das einzige, was sie unterscheidet, denn unterhalb des Überzugs gleicht ein „Smartie“ jedem beliebigen anderen. Nicht anders ist es um die „Vielfalt“ der Multikulturalisten bestellt, die hartnäckig an ihrem egalitären Glauben festhalten, und die im Grunde nichts anderes wollen, als eine die ganze Menschheit umfassende Monokultur, die sich nach linksliberalen und hedonistischen Werten orientiert, nichts und niemanden mehr ausgrenzt und in einem ewigen Friedenszustand, in einem Paradies „der letzten Menschen“ lebt. Eine säkular-messianische Fantasie, deren infantile Züge nicht zu übersehen sind.

In meinem Büchlein „Die Verteidigung des Eigenen" (Schnellroda 2011) schrieb ich:

Die »Vielfalt« als ethisch-moralisches Gebot wurde zum sinnstiftenden Evangelium einer Zeit, in der der Liberalismus an der äußersten Grenze seiner Selbstentleerung angekommen ist, und »den Mördern die Tür aufschließt« (Ernst Jünger). Ideengeschichtlich ist sie ein Zweig des Pluralismus, der sich vor dem Hintergrund der totalitären Erfahrungen des 20. Jahrhunderts als oberster politischer Wert durchsetzen konnte. Man kann die totalitäre Ex-Massengesellschaft verstehen, in der die ewige Frage nach dem dialektischen Verhältnis zwischen dem Einzelnen und der Gemeinschaft mit herkömmlichen Mitteln nicht mehr zu lösen war. Heute dienen sie, von der Rassenpolitik des Nationalsozialismus bis zu den »blauen Ameisen« Maos als Schreckbild, das die »Pluralität« einer Gesellschaft und die Freiheit des Individuums umso wertvoller erscheinen lässt. Das ist Allgemeingut geworden, auch unter denen, die sich dieser Zusammenhänge nicht bewusst sind. Wenn in einem beliebigen Provinznest XY wieder einmal eine NPD-Demo angekündigt ist, dann wissen sich die verschreckten Bürger in der Regel nicht anders zu helfen, als den Gruselgestalten mit Transparenten entgegenzutreten, auf denen »XY ist bunt statt braun« geschrieben steht. Oder eben »Vielfalt statt Einfalt«, was einfältigerweise suggeriert, dass nur die Retardierten, Dummen und Nazidumpfen unter sich bleiben wollen, die Schlauen, Fortschrittlichen und Aufgeklärten aber für Multikulti votieren.

Dieses Selbstbild der „Bunten" hat der Komiker Jan Böhmermann in einem am 31. 3. 2016 auf Youtube veröffentlichten Rocksong im „teutonisch"-martialischen Stil von Rammstein parodiert. Das Video zu „BE DEUTSCH!" stellt deutlich an „Pegida" angelehnte, in Pogromstimmung demonstrierende „Wutbürger" im mausgrauen

Einheitslook und „Refugees not welcome"-Transparenten dem tolerant-„bunten" Vielfalts-Deutschland gegenüber, einer militanten Horde, die sich aus Bobos mit Birkenstocksandalen und Fahrradhelmen, orthodoxen Juden mit Schläfenlocken, verschleierten muslimischen Frauen, Rastalockenträgern, Schwulen, Schwarzen, Transvestiten, Behinderten im Rollstuhl und evangelischen Pfarrern mit Strapsen zusammensetzt.

Der englische Text dazu lautet übersetzt:

Erwache Deutschland, schlafende Schönheit
Hört ihr euren „Call of Duty"?
Die Welt ist total bekloppt geworden
Deshalb sind wir zurück um zu helfen, mein Schatz.
Achtung! Deutsche auf dem Vormarsch!
Aber dieses Mal sind wir fucking nice!
Autoritär-nationalistische Deppen
Ach so stark mit euren Fackeln und Mistgabeln.
Ihr seid nicht das Volk, ihr seid die Vergangenheit
Die wahren Deutschen kommen, haut besser ab!
Zehn Millionen Fahrradhelme in Sicht
Jack Wolfskin Jacken marschieren durch die Nacht
Birkenstocks lassen den Boden beben
Kebab und Müsli mampfend, ein erschütternder Sound!
Guten Tag, die wahren Deutschen sind da!
Wir sind die größte Angst eines jeden Fremdenfeindlichen!
(...)
Deutsch – freundlich
Deutsch – liberal
Deutsch – mitfühlend
Deutsch – fürsorglich

Deutsch – vernünftig
Deutsch – sozial
Deutsch – gemäßigt
Deutsch – friedvoll
Deutsch – offen
Deutsch – multi-kulti
Deutsch – anständig

Sagt es deutlich, sagt es laut:
Wir sind stolz aufs Nicht-Stolzsein!

Auch wenn die „Botschaft" von Böhmermanns Video politisch ein wenig schizophren und nur halb-luzide wirkt – die Grenze zwischen Satire und Wirklichkeit ist in Deutschland heute bis zur Unkenntlichkeit verwischt –, lässt es sich ziemlich schlüssig als höhnische Demontage der laufenden „Bunt statt Braun" (bzw. Grau)-Propaganda und der missionarischen Selbstgerechtigkeit der „Willkommensdeutschen" interpretieren.

II.

Über ein Vierteljahrhundert nach Udo Lindenberg („Wir steh'n am Bahnsteig und begrüßen jeden Zug...") standen im Sommer 2015 die nunmehr geeinten grauen deutschen Mäuse, die so gern „bunt", „weltoffen" und von ihrem graubraunen, erbschuldbeladenen Deutschsein erlöst wären, auf den Bahnsteigen des Landes und hielten Transparente in Regenbogenfarben hoch, auf denen Slogans wie „Refugees welcome!" zu lesen waren. Wenigstens zu Beginn befanden sie sich dabei in einer seltsamen Party-Stimmung, in der Erwartung, dass nun „richtig schwer was los" sein wird in diesem langweiligen Land. Der Spiegel vom 29. August 2015 brachte die

Lage mit gewohnter Subtilität auf den Punkt. Das Cover präsentierte das Deutschland der Guten als eine Art Kindergartenparty: das Titelbild zeigte eine Gruppe lustiger, offenbar ausschließlich biodeutscher, zumindest rein hellhäutiger Kinder, die bunte, herzchenförmige Ballone in einen lichtblauen Sommerhimmel steigen lassen. „Helles Deutschland", stand als Bildunterschrift zu lesen, und: „Es liegt an uns, wie wir leben werden. Ein Manifest." Klappte man den Umschlag auf, dann erschien auf der Rückseite das böse, finstere, hasshäßliche Gegenbild: „Dunkles Deutschland" stand dort in dräuender ewiggestriger Frakturschrift, dazu ein Foto von einem rauchenden, flammendrot beleuchteten Haus mit brennendem Dachstuhl vor einem schmutzig braunschwarzen Nachthimmel. Das eine Bild zeigte laut Legende ein lustiges „Kinderfest für Flüchtlinge", das in Hesepe, Niedersachsen stattgefunden haben soll. Es handelte sich offenbar um ein Feuerwehrfest mit dem Motto „Die Stadt in Kinderhand" vom 28. Juni des Jahres, wobei im diesbezüglichen Bericht der *Neuen Osnabrücker Zeitung* keine Silbe über „Flüchtlinge" zu finden war. Am 11. August berichtete dieselbe Zeitung indes, dass das kleine Dorf inzwischen mehr „Flüchtlinge" als Einwohner beherberge und an die Grenzen seiner Belastbarkeit geraten sei. Das brennende Haus in Dunkeldeutschland dagegen zeigte eine „geplante Asylunterkunft" in Weissach, Baden-Württemberg, die aus bis dato ungeklärten Gründen in Brand geraten war.

Der *Spiegel* präsentierte der Nation also folgende Alternative: Entweder wir Deutsche entscheiden uns für ein lustig-lichtes Lalala-Helldeutschland, wo fröhliche Kinder rund um die Uhr bunte Luftballons steigen lassen, oder für einen schwarzen, stinkigen, bösen, brutalen, deutschmüffelkartoffeligen Pogromnazialptraum, frei nach einem Sketch des Komikers Eddie Izzard: „Cake or Death??" („Kuchen oder Tod??"). Es waren nicht nur die Kinder, die Luftballone und die bunten Farben, die der ganzen Aufmachung einen regressiven Geschmack gaben – schon allein die Gegenüberstellung eines „dunklen" und eines „hellen" Deutschlands zeugte von einem naiven Manichäismus. Nichtsdestotrotz stand der Spiegel im August 2015 mit dieser Strategie nicht alleine da – in den deutschen Medien ging ein flächendeckendes Bombardement nieder, das die Ankunft der „Refugees" als ein wahres Sommermärchen inszenierte und die Deutschen an die Partyfront der „Willkommenskultur" rief. *Bild am Sonntag* vom 30. August 2015 brachte unter dem Slogan „Wir helfen" (Hashtag #refugeeswelcome) „100 Stimmen gegen den Flüchtlingshass" (na klar: wer kritisch ist, ist automatisch ein *„Hasser"*) zum Erklingen, und bemühte dabei recht deutlich patriotische Untertöne:

> Heute sagen die wichtigsten Deutschen ihre Meinung zur größten Herausforderung seit der Wiedervereinigung!

Zu den angeblich „wichtigsten" Deutschen, die sanft vom Cover und den folgenden sechs (!) Seiten lächelten, handelte es sich großteils um die derzeit handelsübliche Film-, Fernseh-, Pop- und Sportprominenz, inklusive einiger Systempolitiker wie Wolfgang Schäuble und Sigmar Gabriel und Alt-BRD-Mumien wie Martin Walser, Uschi Glas, Volker Schlöndorff oder Heino. Im Hintergrund der Bilder- und Zitatencollage bohrten sich große, traurige Flüchtlingsaugen ins Herz und Gewissen des Lesers, natürlich überwiegend von Kindern, Alten, Frauen, zentriert, genau in der Mitte der Seite, sodass man ihrem anklagenden Blick nicht ausweichen konnte. Das Ganze zielte auch optisch auf schiere Überwältigung des Betrachters. Die Parade der Promigesichter signalisierte, dass angesichts dieser Überzahl jeder Widerstand zwecklos sei und alle Guten, Schönen, Reichen, Klugen, Kreativen auf der Seite der „Willkommenskultur" stünden.

Thorsten Hinz verglich diese Propagandaoffensive mit der Endphase der DDR (*Junge Freiheit* 36/15) :

> „Zwar existiert heute keine Staatspartei mit Macht- und Meinungsmonopol, doch der Meinungskorridor verengt sich in dem Maße, wie die Parteien ihre Unterscheidbarkeit verlieren. Damit gleicht sich auch die Funktion vieler – der meisten – Journalisten heute jener von DDR-Journalisten an. Statt zu berichten und zu analysieren, verlegen sie sich auf die Suggestion von Meinungen, Weltbildern, von Handlungsanweisungen und auf Drohungen. Die dauernde Wiederholung der Absurditäten soll dem Empfänger klarmachen, dass die absurde Situation unabänderlich ist und er ihr nicht entrinnen kann."

Parallel zur Zermürbungsstrategie wurden Lachgas und Opiate ausgeteilt, denn damit eine Massenpsychose am Kochen bleibt, muss sie auch high und happy machen. Die Pille schlucken und überall „bunte" Farben sehen genügt freilich nicht wenn es darum geht, die Deutschen zu gewinnen: Es war erstaunlich, wie sehr die Kampagnen à la „Wir schaffen das" darauf zugeschnitten waren, dieses Volk an seiner alteingefleischten Neigung zu packen, idealistisch die Ärmel hochzukrempeln und etwas Gutes zu tun. Dabei schreckten die Betreiber auch nicht davor zurück, das verhungerte Nationalgefühl und -bedürfnis der in ihrem Selbstwert angeknacksten Deutschen für ihre Zwecke zu instrumentalisieren. Es wurde versucht, eine Art Volksgemeinschaft zu mobilisieren, deren Formierung ironischerweise das Endziel hatte, „ihr eigenes Verschwinden zu beschleunigen", wie Karlheinz Weißmann formulierte (*Junge Freiheit* 36/15).

Die Titelgeschichte war ein Musterbeispiel für das, was Hinz als „Suggestion von Meinungen, Weltbildern, Handlungsanweisungen", vermischt mit Drohungen, bezeichnet. Wie die meisten anderen Medien auch, gingen die *Spiegel*-Autoren wie selbstverständlich von der Annahme aus, dass diese „Asylbewerber" bleiben, das Land übernehmen und verändern werden:

> Diese Menschen sind eine Belastung, aber auch eine Chance. Sie zwingen das Land weltoffener zu werden, großzügiger – und ein bisschen chaotisch.

„Ein bisschen chaotisch" war einer der typischen Euphemismen, die in den Text eingestreut waren, um hie und da einzuräumen, dass die „Flüchtlinge" womöglich nicht nur Buntheit und Vielfalt, sondern auch, hüstel, „Belastungen" mit sich bringen würden. Aber auch dies wurde zu einer großartigen „Herausforderung" und welthistorischen „Aufgabe" für die Biodeutschen umgedeutet, illustriert mit Anekdötchen etwa vom fleißig für die Flüchtlinge engagierten „Günther Schulze" einerseits („Ich fühle plötzlich Glück"), und einer bebrillten, angeblich hyper-intelligenten, hyper-integrierten Kopftuchsyrerin mit dem Namen „Bnana Darwisch" andererseits, die als „gebildet, kultiviert, aufstiegshungrig" beschrieben wurde. Mit Geschichten wie diesen wurde die Story flugs zum „Feelgood"-Rührstück für die Massen. Die „Asylkrise" wurde als „Chance" ausgegeben, aus ihr etwas Schönes, Freudiges, Deutsches zu machen, eine Art Fußball-WM der Humanität und „Weltoffenheit". Natürlich blieb auch der „Wandel" nicht unerwähnt:

> Sicher ist auch: die Flüchtlinge werden unser Land verändern.

In der Tat: Sie werden, sofern sie bleiben, die Deutschen auf die Dauer demographisch verdrängen und zur Minderheit im eigenen Land machen, ihnen ihre Sitten aufzwingen, das soziale Gefüge fragmentieren, Parallelgesellschaften anschwellen lassen, die Islamisierung vorantreiben und, erfahrungsgemäß, den Prozentsatz an Kriminalität, Vergewaltigungen, Belästigungen sowie den antideutschen Rassismus signifikant ansteigen lassen. Anschließend an diesen Satz hieß es:

> Gerade hatten sich die Deutschen an den Gedanken gewöhnt, dass die Republik ein Einwanderungsland ist, da wird die nächste Illusion zerstört: dass es so etwas wie geregelte Zuwanderung gibt.

„Ungeregelte" Zuwanderung „gibt" es demnach offenbar so, wie es Regenschauer und Erdbeben „gibt", nichts aber „gibt" es, was man hier, zumal als angeblicher demokratischer Souverän, dagegen *machen* könne. Man muss sie offenbar hinnehmen wie eine Naturgewalt. Hier wurde ganz klar die nächste Demoralisierungsstufe ins Auge gefasst: nachdem man den Deutschen das „Einwanderungsland" aufgezwungen, eingeredet, oder schlicht unter falschen Vorspiegelungen untergejubelt und dann als vollendete Tatsache präsentiert hat, sollen sie sich nun an den Gedanken gewöhnen, dass sie keine Chance und keine Möglichkeit haben, die heranströmende Flut auch nur zu „regeln". Jegliche Art von Gegenwehr, Selbstbehauptung, jegliches Handeln im Sinne eines Eigeninteresses soll nicht einmal als Gedanke existieren. Diese Beschwörungen des Volks der guten Täter (des Tätervolks der Guten sozusagen), der bürgerlichen Tugenden, der „neuen Form von Bürgerlichkeit", in der sich deutscher Fleiß und Ehrgeiz mit dem Kult um „Toleranz" und „Vielfalt" verbinden, finden freilich vor dem Hintergrund einer Spaß-, Entertainment- und Konsumgesellschaft statt, die ihren Anteil an der Mobilmachung fordert.

Wir haben es hier mit einer seltsamen Arglosigkeit und Steuerbarkeit zu tun, die sich einerseits wohl gewisser Züge des deutschen Nationalcharakters verdankt, die aber andererseits offenbar das Resultat einer dekadenten Regression ist. Auch dies bedürfte einer eingehenderen Untersuchung. Eine soziobiologische Erklärung bietet unter anderem der genialische, wenn auch etwas spleenige amerikanische Blogger „Anonymous Conservative" an, indem er im Anschluss an die Ökologen Robert H. MacArthur und Edward O. Wilson die Fortpflanzungsstrategien der sogenannten „r- und K-Typen" auf menschliche Populationen überträgt:

> In der Natur ist die r-Strategie am besten durch den Hasen exemplifiziert. Er lebt auf Wiesen voller Gras, die er niemals vollständig konsumieren kann. Seine fünf Charakterzüge sind auf diese freie und grenzenlose Verfügbarkeit der Ressourcen abgestimmt: Vermeidung von Risiko und Wettbewerb; Promiskuität; Aufzucht des Nachwuchses durch nur einen Elternteil, der sich nur gering engagiert; früh einsetzende Geschlechtsreife; und keine Loyalität gegenüber der eigenen Gruppe.

Dagegen der „K-Typ", der im Gegensatz zum „r-Typen" auf die Herausbildung von Qualitäten statt Quantitäten ausgerichtet ist:

> Er entsteht, wo die Ressourcen karg sind, wo überall ein Wettkampf um die Ressourcen herrscht, in dem viele Individuen verlieren und sterben. Dies erzeugt die K-Strategie des Überlebens, die man am besten im Wolf beobachten kann. Auch diese Strategie hat fünf psychologische Charakterzüge: Wett-

bewerbsfähigkeit/Aggressivität/Schutztrieb; Monopolisierung der Sexualpartner/Monogamie; aufwendige Aufzucht durch beide Elternteile; spätere Geschlechtsreife der Jungen; und hohe Loyalität gegenüber der eigenen Gruppe.

Den r-Typen kennzeichnet außerdem eine Atrophie der Amygdala, eines wichtigen Teils des limbischen Systems. Neurologische Untersuchungen sollen ergeben haben, dass die politische Einstellung eines Menschen häufig mit der Entwicklung seiner Amygdala korreliert, jenem Teil des Gehirns, der unter anderem für das Entstehen von Angst verantwortlich ist. Oder, präziser ausgedrückt: „Die Amygdala ist in erster Linie dafür zuständig, einer Wahrnehmung eine emotionale Signifikanz zuzuschreiben." Das bedeutet, dass die Fähigkeit, eine Gefahr als eine solche wahrzunehmen, hier ihren Sitz innerhalb der Gehirnanatomie hat. Einer von „Anonymous Conservative" zitierten Studie zufolge ist dieser Teil des Gehirns bei Konservativen in der Regel stärker ausgeprägt als bei „liberals", also bei „Linken" und wohl durchaus auch „Liberalen" in unserem Sinne. Man erkennt sofort ein Muster der zeitgenössischen Auseinandersetzungen wieder: Im extremen Fall hat man die Karikatur des rechten Paranoikers vor sich, der überall Feinde und Verräter wittert, von „Law and Order" besessen ist und sich unterirdische Bunker und Waffenlager einrichtet. Die Linke wirft der Rechten (beide im weitesten Sinne gefasst) bekanntlich gerne vor, „Ängste", natürlich mit Vorzug „diffuse" und „krude", zu hegen und zu schüren, und eine beliebte Taktik ist es, den aus der Psychiatrie gestohlenen Begriff der „Phobie" in eine Kampfvokabel umzumünzen, die es erlaubt, den Gegner als hysterisch, neurotisch und geisteskrank hinzustellen: „Islamophobie", „Homophobie" oder „Xenophobie" sind solche Schlagwörter. Sie wirken derart lähmend, dass es inzwischen eine regelrechte Phobie davor gibt, als Phobiker aus der genannten Palette identifiziert zu werden.

Es ist Teil dieses Spiels, dass sich die Linke selbst als angst- und damit „hass"-frei, „menschlich", „tolerant", „weltoffen", vernünftig, friedfertig, geistig gesund und so weiter präsentiert, während sie gleichzeitig aggressiv gegen alle vorgeht, die dieses Selbstbild in Frage stellen. Bestenfalls beteuert man großzügig, „die Ängste der Menschen ernstnehmen" zu wollen, was meistens bedeutet, dass man sie für therapiebedürftig hält, sobald ihre politischen Entscheidungen inopportun ausfallen. Während die Linken die Rechten für böse halten, halten die Rechten die Linken vor allem für dumm. In ihren Augen erscheint die Linke als fahrlässig naiv, weltfremd, infantil, „gutmenschlich" sentimental, stets bereit, sich in ideologische Illusionen zu flüchten und die eigene Nation oder Gemeinschaft zugunsten des Fremden zu verraten, ein Bild, das sich recht gut in den Massen von braven Deutschen versinnbildlicht, die in der ersten Phase der Flüchtlingsinvasion mit regenbogenbunten „Refugees Welcome"-Schildchen auf den Bahnhöfen standen. Da nun die Amygdala durch Erfahrungen wie Angst, Schmerz und Konflikt stimuliert wird, die ihre Herausbildung fördern, liegt der Schluss nahe, dass Gesellschaften, in denen der Ernst des Lebenskampfes durch Wohlstand, Wohlfahrtsstaat und technischen Komfort drastisch reduziert wird, massenhaft Menschentypen hervorbringen, deren entsprechende Gehirnteile verkümmert sind: Sie gleichen immer mehr den „Eloi" aus dem Roman „Die Zeitmaschine" von H.G. Wells, jenen überzüchteten, arg- und wehrlosen Kindmenschen, die von den barbarischen „Morlocks" verspeist werden.

Bei allem Vorbehalt gegenüber darwinistischen Analogien ist das ein bestechendes Bild, und lediglich als solches will ich es hier benutzen: Laut „Anonymous Conservative" leben wir heute in einer Gesellschaft, die durch das Übermaß an Ressourcen von „Hasen", von „r-Typen" geprägt ist, die belastungs- und bindungsunfähig, feige und risikoscheu sind, nur an den Moment und den eigenen Genuss denken, keinen Triebverzicht leisten können und dadurch generell zur psychischen Regression neigen. Man könnte auch sagen: zum Infantilismus. Trotz aller Übertreibung und Zuspitzung spricht er wohl zu Recht eine Tendenz an, die zweifellos auch in Deutschland – wie in allen übersättigten Ländern – virulent ist und alle Gesellschaftsbereiche morsch gemacht hat, auch die der „Bürgerlichen". Kein Mensch scheint sich mehr wirklich um die Zukunft zu scheren, alle Welt scheint nur mehr für den hedonistischen Genuss und Spaß des Augenblicks zu leben und einem Pseudo-Individualismus des Konsums zu frönen, was sich wohl auch daran zeigt, dass immer weniger Kinder gezeugt werden und die Institutionen der Familie und der Ehe immer mehr zusammenbrechen. Zu der „bunten" Kindergeburtstagssprache der politisch-medialen Klasse kommt ein kollektives kindliches Bewusstsein, das sich gar nicht mehr vorstellen kann, dass seine Ressourcen erschöpfbar sind und dass der Ernstfall eintreten kann. Letzteres ist eine klassisch konservative Warnung an die utopistisch-libertäre Linke, die stets ihre Rechnungen ohne den Wirt macht, wenn sie wieder mal auf dem Marsch ins nächste Paradies ist.

Zum Abschluss sei nach Udo Lindenberg und Jan Böhmermann ein weiterer deutscher Meistersinger der Gegenwart zitiert. Am 7. 8. 2015 veröffentlichte der altlinke Barde Konstantin Wecker auf YouTube den Song zur „Willkommenskultur":

> Ich hab einen Traum, wir öffnen die Grenzen
> und lassen alle herein,
> alle die fliehen vor Hunger und Mord
> und wir lassen keinen allein.
>
> (...)

Ja wir teilen, und geben vom Überfluss
es geht uns doch viel zu gut
und was wir bekommen ist tausendmal mehr:
und es macht uns unendlich Mut.

Ihre Kinder werden unsere sein
keine Hautfarbe, und kein Zaun,
keine menschenverachtende Ideologie
trennt uns von diesem Traum.

Vielleicht wird es eng? Wir rücken zusammen,
versenken die Waffen im Meer,
wir reden und singen und tanzen und lachen
und das Herz ist uns nicht mehr schwer….

Voilà, das schmeckt deutlich nach den Merkmalen der „r-Typen"-Theorie. Der Überfluss währt ewig und von selber, die „Reichen" sind immer die anderen, es gibt keine Loyalität gegenüber der eigenen Gruppe, und natürlich gehören trotz des motivierenden schlechten Gewissens über das Reichsein und Deutschsein „Singen und Tanzen und Lachen" zu der ganzen Feelgood-Show, die sich auch durch Terror und Vergewaltigung wie in Paris, Brüssel und Köln kaum erschüttern lässt.

Das Fazit überlasse ich Manfred Kleine-Hartlage, der in seinem Unwörterkompendium „Die Sprache der BRD" (Schnellroda 2015) zum Schlagwort „bunt" schrieb:

„Den Initiatoren scheint nicht aufzufallen oder es scheint sie nicht zu interessieren, dass ein Land, in dem der Wille zur „Buntheit" den zum Überleben verdrängt, nicht überleben wird; dass eine „Buntheit", die in München dieselbe ist oder sein soll wie in New York, Peking oder Istanbul, nicht weniger als die Utopie einer völligen Uniformierung des Planeten enthält; dass derjenige, der sich infantilen Vokabulars bedient, und dies in Zusammenhängen, in denen es um die Zukunft eines ganzen Landes geht, von erwachsenen Menschen nicht ernstgenommen werden kann; und dass diejenigen, die so reden, den Bewohnern eines Hauses gleichen, die lieber den Fassadenanstrich diskutieren, während die Fundamente bröckeln. Ein Staat, in dem bis hin zum Bundespräsidenten alle vermeintlich seriösen Meinungsmultiplikatoren in stereotyper Weise eine solch kindische Kitschsprache sprechen, ist zum Tode verurteilt."

Michael Ley

Politischer Infantilismus: Die Achtundsechziger

Alexander Mitscherlich schrieb vor über fünfzig Jahren ein populäres Buch mit dem Titel *Auf dem Weg zur vaterlosen Gesellschaft.* Der Autor stellte darin die These auf, dass in der okzidentalen Moderne eine Kulturpathologie entstand, die traditionelle Gesellschaften nicht kannten: der emotional und psychisch obdachlose Mensch. Nach den Katastrophen des Totalitarismus bzw. der politischen Religionen des Kommunismus, des Faschismus und des Nationalsozialismus wurde in der Generation der um die Jahrhundertwende geborenen Intellektuellen eine kritische Bilanz gezogen. Diese desillusionierten Denker versuchten einen Ausweg zwischen dem tristen Milieu moderner Massengesellschaften und dem Wahn regressiver Heilserwartungen zu finden. Ein Vordenker dieser Forschung war David Riesman, der 1950 gleichsam über Nacht mit seinem Buch *The Lonely Crowd* berühmt wurde. In dieser Schrift charakterisiert er einen neuen Sozialtypus, den er als außengeleiteten Menschen charakterisiert. Anknüpfend an Max Webers Untersuchungen zum traditions- bzw. innengeleiteten Menschen, die dieser als Repräsentanten der Vormoderne und der jüdisch-protestantischen Moderne kennzeichnete, sah er hellsichtig den außengeleiteten modernen Massenmenschen, der seine Identität nicht mehr aus einer ethisch-religiösen Sozialisation bezieht, sondern sich ausschließlich an die Normen einer Konsumgesellschaft anpasst.

Mitscherlichs psychoanalytischer Ansatz zur Pathologie moderner

Identitätsstrukturen sieht die Probleme der modernen Menschen sowohl in einer Veränderung der modernen Gesellschaften als auch in den politischen Katastrophen des 20. Jahrhunderts. In Anknüpfung an Riesmanns Theorie begreift Mitscherlich den modernen Menschen des 20. Jahrhunderts als „klassenloses Massenindividuum“, als konformistisches Wesen eines neuen demokratischen Kollektivismus.[28] Der „außengeleitete Mensch“ lebt nicht mehr in einer Tradition, die ihm Orientierung und inneren Halt vermittelt, sondern er passt sich seiner unmittelbaren Umwelt, seinen Altersgenossen und dem herrschenden Zeitgeist an. Mitscherlichs Analyse des modernen Individuums ist soziologisch, sozialpsychologisch und psychoanalytisch begründet: In erster Linie sieht er den Verlust bzw. Rückgang der väterlichen Autorität in den Veränderungen der Arbeits- und Lebensverhältnisse moderner Massengesellschaften. Während in agrarisch und handwerklich dominierten Gesellschaften die Trennung von Lebens- und Arbeitswelten noch selten war, verändert die Industrialisierung die Struktur der Gesellschaften. Die Väter gehen nun mehrheitlich einer abhängigen Lohnarbeit nach und spielen in der Sozialisation der Kinder nur noch eine untergeordnete Rolle. Mitscherlich sieht in dieser Veränderung die Ursache, dass keine „verlässliche Tradition“ durch die väterliche Unterweisung mehr entsteht und die Söhne sich anderweitig orientieren. An die Stelle der Väter tritt zunehmend die Peergroup, die den neuen Typus des „Gruppenmenschen“ erzeugt.

Da jedoch die Väter eine unverzichtbare Rolle für eine gelingende Persönlichkeitsentwicklung spielen, sind die Folgen der „Vaterlosigkeit“ von weitreichender Bedeutung: „Die These in all unseren Ideen zur Sozialpsychologie ist, dass die Gesellschaft sich selbst erziehen

[28] *Vgl. Mitscherlich, A., Auf dem Weg zur vaterlosen Gesellschaft, München 1963, S. 188ff.*

muss, alle Interessen, die mit diesem Erziehungsziel konkurrieren, ihm unterzuordnen. Das ist gewiss keine kleine Aufgabe, jedoch ist an sie die Frage des Überlebens der spezifisch humanen Lebensordnung in den Räumen der vaterlosen Gesellschaft geknüpft."[29] Nur in der erfolgreichen ödipalen Auseinandersetzung mit der väterlichen Imago gelingt die Verinnerlichung eines ethischen Ideals und damit die Reifung eines starken Ichs. Dieser Prozess ist die unabdingbare Voraussetzung für eine autonome Persönlichkeit, die im späteren Leben familiäre, soziale und gesellschaftliche Verantwortung übernehmen kann.

Misslingt diese psychische Entwicklung, weil die Väter abwesend oder schwache Persönlichkeiten sind, dann wächst das Kind zum „herrenlosen Erwachsenen" heran: „Es übt anonyme Funktionen aus und wird von anonymen Funktionen gesteuert. Was es sinnfällig erlebt, sind seinesgleichen in unabsehbarer Vielzahl."[30] Diese psychische Entwicklungsstörung markiert die Geburtsstunde der modernen Massengesellschaften, die vaterlosen Individuen suchen ihr Leben lang nach einer Befriedigung ihrer narzisstischen Kränkung.

Diese Menschen sind nur bedingt in der Lage, ihren Alltag zu bewältigen: „Das aber, was gerade dem modernen Menschen so schwer wird und der jungen Generation am schwersten, ist: einem solchen Alltag gewachsen zu sein. Alles Jagen nach dem 'Erlebnis' stammt aus dieser Schwäche. Denn Schwäche ist es: dem Schicksal der Zeit nicht mehr in sein ernstes Antlitz blicken zu können. Schicksal unserer Kultur aber ist, dass wir uns dessen wieder deutlicher bewusst werden, nachdem durch ein Jahrtausend die angeblich oder

[29] *Ders. S. 347f.*
[30] *Ders. S. 342.*

vermeintlich ausschließliche Orientierung an dem großartigen Pathos der christlichen Ethik die Augen dafür geblendet hatte."[31] Max Webers Analyse kann als religionssoziologische Ergänzung zu Mitscherlichs Pathologie des modernen Menschen gelesen werden. Die Individuen der europäischen Moderne sind demnach nicht nur zunehmend vaterlos, sondern auch gottlos, sie leben ohne realen und transzendenten Schutz. Diese Defizite sollten für die weitere Entwicklung der europäischen Moderne katastrophale Folgen haben.

Wenn einer Gesellschaft die Väter abhandenkommen, dann entsteht im Prinzip eine Geschwistergesellschaft, ein Heer von rivalisierenden, verantwortungslosen und neidischen Geschwistern. Sie sind nicht mehr durch den ödipalen Konflikt mit dem Vater um Macht und Freiheit gekennzeichnet, sondern durch Neidverhalten im ständigen Kampf um persönliche Vorteile. Dieser Sozialtypus kennt die klassische Verantwortungsethik kaum noch: „Es entsteht ein Ordnungsdefizit im Sinne einer Orientierungsschwäche, die zur Regression in sehr archaische Erfahrungen der Befriedigung zurücktreibt."[32]

Die emotionale Verarmung des modernen Massenmenschen erzeugt einerseits das Gefühl der Ohnmacht und als dialektisches Pendant andererseits das Bedürfnis nach Allmacht. Ihre Illusionen und Machtphantasien konnten die narzisstisch gekränkten Menschen jedoch in den Massenbewegungen des späten 19. und des frühen 20. Jahrhunderts ausleben. Das 20. Jahrhundert kann auch als das Zeitalter der Gesinnungsethik bezeichnet werden, in dem die Ideologien immer mehr an die Stelle der traditionellen Religionen treten. Der

[31] *Weber, M., Der Beruf zur Wissenschaft, in: Soziologie, Universalgeschichtliche Analysen, Politik, Stuttgart 1973, S. 330.*

[32] *Mitscherlich S. 334.*

Verlust der religiösen Bindungen führt nicht zwingend zu rational handelnden Individuen, die mittels der eigenen Urteilskraft verantwortungsethisch handeln. Die fromme Hoffnung der Aufklärer auf Rationalität und wissenschaftlichen Diskurs anstelle eines religiösen Obskurantismus erwies sich als trügerisch, das durch den neuzeitlichen Gottesmord entstandene Vakuum füllten – zumindest im kontinentalen Europa – nun höchst säkulare Götter aus.

Die vaterlosen Gesellschaften sollten jedoch nicht dahingehend missverstanden werden, dass die Menschen leicht zu domestizierende Untertanen sind. Ganz im Gegenteil: Die vereinsamten Massen, aber auch bürgerliche Schichten, sind Suchende nach irdischem Glück und kollektiver Verschmelzung. Da ihnen die transzendenten Verheißungen zu einer nichtssagenden Worthülse wurden, suchen sie Erlösung bei irdischen Prophetien und damit beginnt ein Zeitalter der Heilsverfallenheit.

Die Wohlstandskinder Deutschlands hatten in den späten sechziger Jahren eine grandiose Idee: Sie wollten wiederum die Welt erlösen.[33] Aus der politischen Katastrophe ihrer Eltern hatten sie nichts gelernt und verfielen nochmals dem gleichen Irrsinn ihrer Väter und Mütter unter scheinbar geänderten Prämissen. Götz Aly charakterisiert den gnostischen Wahn der 68er folgendermaßen: „Die Selbstermächtigung der Achtundsechziger zur gesellschaftlichen Avantgarde, ihr Fortschrittsglaube, ihre individuelle Veränderungswut, ihre Lust am Tabula rasa und – damit bald verbunden – an der Gewalt erweisen sich bei näherem Hinsehen als sehr deutsche Spätausläufer des Totalitarismus.“[34]

[33] *Damit sind natürlich nicht alle Menschen dieser Generation gemeint, sondern die politisch aktiven linken 68er.*

[34] *Aly, G., Unser Kampf 1968, S. 8.*

Das Absurde der 68er war ihr Kampf gegen einen Feind, der schon längst besiegt war: der Faschismus. Weshalb bekämpften die Kinder des Nationalsozialismus eine Schimäre? Oder führten sie den Kampf der Welterlösung ihrer Eltern unter geänderten Bedingungen weiter? Weshalb setzten sich die 68er nicht mit ihrer konkreten Elterngeneration auseinander, sondern übernahmen die abstruse „Faschismusanalyse" der Komintern,[35] die im Finanzkapitalismus den Urheber des Nationalsozialismus verortete? Sie schwiegen zu den Verbrechen ihrer Väter, der Protest manifestierte sich gegen „das System", eine Metapher, deren sich schon ihre nationalsozialistischen Väter des Jahres 1933 bedient hatten. Diese vaterlose Generation war fähig, eine immense Revolte zu inszenieren, aber nicht in der Lage, sich kritisch mit der Rolle ihrer Väter im Nationalsozialismus auseinanderzusetzen.[36] Ein erfolgreicher Individuationsprozess setzt jedoch eine Identifizierung mit den Eltern voraus, die nicht blindlings erfolgen kann, sondern einer kritischen Hinterfragung bedarf.

Bei vielen Angehörigen dieser Generation scheint eine Abspaltung der Aggressionen gegenüber den Eltern stattgefunden zu haben, die auf die „Gesellschaft", den „Faschismus", den „Imperialismus" und andere Ersatzobjekte projiziert wurden. Vielleicht kann man hier in Anlehnung an die Thesen von Alexander Mitscherlich von der Unfähigkeit erwachsen zu werden sprechen.[37] Man verweiger-

[35] *Auf dem VII. Weltkongress der kommunistischen Internationale (Komintern) im Dezember 1933 in Moskau hielt der Sekretär Georgi Dimitrow seine wohl bekannteste Rede mit dem Titel: Die Offensive des Faschismus und die Aufgaben der Kommunistischen Internationale im Kampf für die Einheit der Arbeiterklasse gegen den Faschismus. Hier definierte er den Faschismus als „die offene terroristische Diktatur der reaktionärsten, am meisten chauvinistischen, am meisten imperialistischen Elemente des Finanzkapitals."*

[36] *Eine Ausnahme stellt das Buch Männerphantasien von Klaus Theweleit dar.*

te sich dem Realitätsprinzip im Sinne von Herbert Marcuse, des Heroen der Jugendrevolte, der eine „Kultur jenseits des Realitätsprinzips" forderte.[38] Nur entsprach die Kultur der 68er nicht dem Marcuse'schen Lustprinzip und dem genüsslichen Antiautoritarismus, sondern sie war höchst totalitär – nicht nur in ihrem gesellschaftlichen und politischen Denken, sondern auch im alltäglichen Umgang. Antiautoritär waren die 68er nur im Umgang mit den Institutionen der Gesellschaft und ihren Autoritäten.

Der studentische Protest an den Hochschulen richtete sich weniger gegen nationalsozialistisch belastete Lehrer und willfährige Mitläufer, sondern vor allem gegen Liberale bis hin zu jüdischen Remigranten. Im Liberalismus sahen die jungen Rebellen – wie ihre nationalsozialistischen Väter – den größten Feind. Gerade die vertriebenen linksliberalen Remigranten, die noch das untergegangene und vernichtete deutsche Bildungsbürgertum repräsentierten, waren die auserkorenen Objekte des neudeutschen linksnationalsozialistischen Furors. Beat Wyss charakterisiert die Seelenlage der 68er zutreffend und höchst amüsant: „Während die akademischen Heimkehrer aus dem zumeist angelsächsischem Exil eine Weltläufigkeit ausstrahlten, die dem Durchschnittsdeutschen der Nachkriegs-

[37] *Die 68er sind die erste Generation, die im zunehmenden Alter ihre politischen gesellschaftlichen Einstellungen nicht ändert. Während sich in allen früheren Generationen im Alter ein gewisser Trend zum Konservatismus feststellen ließ, beharrt diese Generation weitgehend auf ihrem regressiven Romantizismus. Vgl. Otten, D., Die 50+ Studie, Reinbek bei Hamburg 2008, S. 166ff.*

[38] *Vgl. Marcuse, H., Triebstruktur und Gesellschaft, Frankfurt/Main 1970, S. 129ff. In diesem Werk finden sich die amüsantesten Ergüsse einer gnostisch-romantischen Ästhetik: „Das Streben nach dauernder Befriedigung geht nicht nur auf eine erweiterte Ordnung der libidinösen Beziehungen, sondern auf Fortdauer dieser Ordnung auf höherer Ebene. Das Lustprinzip greift auf das Bewusstsein über; der Eros definiert die Vernunft in seinem eigenem Sinne." Ders. S. 220.*

zeit fremd sein musste, hatten die Achtundsechziger nichts als die Dumpfheit der Kriegsgeneration beerben können. Mochte der bundesrepublikanische Durchschnittsbürger gehemmt gewesen sein von gefühlter Kollektivschuld, zumal es sich bei vielen zurückgekehrten Professoren um Juden handelte, lebte die Studentenbewegung ihre ideologischen Vorurteile ohne Scham aus... So gründlich hatten die Achtundsechziger den ′provinziellen, deutschen Michel' verinnerlicht."[39]

Während für die Nationalsozialisten „die Judenfrage" zum entscheidenden politische Kriterium wurde, schwiegen ihre Kinder weitgehend zum Holocaust. Die Beschäftigung mit der Vernichtung des europäischen Judentums wurde von Rudi Dutschke und seinen Genossen als nebensächlich und dem revolutionären Kampf schädlich abgetan. Auf ein entsprechendes Ansinnen entgegnete Dutschke: „Wenn wir das anfangen, verlieren wir unsere ganze Kraft... Man kann nicht gleichzeitig den Judenmord aufarbeiten und die Revolution machen."[40] Diese Gleichgültigkeit gegenüber dem größten Zivilisationsbruch in der Moderne offenbart den puren Narzissmus vieler Angehöriger dieser Jugendrevolte: Dem revolutionären Gnostiker sind die realen Opfer der Geschichte gänzlich gleichgültig, sein Interesse gilt der großen Erlösung, an der er vor allem selbst teilhaben will. Der Berufserlöser muss antibürgerlich und antihuman sein, seine heroische Aufgabe verlangt von ihm die zwangsneurotische Abwehr jeglicher zwischenmenschlicher Gefühle: der selbsterwählte Erlöser imitiert immer den gewalttätigen Heiland.

Diesem Revolutionspathos ist ein extremer Autoritarismus eigen,

[39] *Wyss, B., Nach den großen Erzählungen, Frankfurt/Main 2009, S. 74.*
[40] *Vgl. Aly S. XIV.*

die absolute Überzeugung von der Notwendigkeit der Revolution und der damit verbundenen Gewalt. Nur durch die Flucht in eine Surrealität konnte die absurde Wahrnehmung des realen gesellschaftlichen Kontextes geschehen. Um die totalitäre Überzeugung aufrechtzuerhalten, wird ein existentiell bedrohlicher Feind imaginiert: der Faschismus.

Die prä-ödipale Regression in einen nicht-existenten Kontext war für die Protagonisten und ihre Mitläufer offenbar der Versuch, sich einer kritischen Auseinandersetzung mit der Realität des Holocaust zu entziehen. Man wollte die Geschichte wiederholen, indem man sich auf den Kampf mit dem drohenden Faschismus vorbereitete. Die dreißiger Jahre des 20. Jahrhunderts wurden zur Traumwelt der 68er Bewegung, in der sie agierte. Die Wiederkehr des Faschismus und seine erfolgreiche Niederschlagung wären die Voraussetzungen gewesen, um die nationalsozialistische Verirrung der Elterngeneration nachträglich zu korrigieren und sie damit zu rehabilitieren. Im Sinne einer manichäischen Scheinlogik unterstellte man den Eltern die hehren Absichten einer Weltrevolution, die jedoch von den Mächten der Finsternis getäuscht wurden.

Ulrike Meinhofs Umdeutung des Antisemitismus weist jedenfalls in diese Richtung, als sie im Jahr 1972 sagte: „Der Antisemitismus war seinem Wesen nach antikapitalistisch… Ohne dass wir das deutsche Volk vom Faschismus freisprechen – denn die Leute haben ja wirklich nicht gewusst, was in den Konzentrationslagern vorging –, können wir es nicht für unseren revolutionären Kampf mobilisieren.“[41] Da Ulrike Meinhof den Antisemitismus ihrer Elterngeneration nicht leugnen kann, verdreht sie den Antisemitismus zu einer sozialis-

[41] *Zitiert nach ders. S. 158.*

tischen Kategorie.[42] Mit dieser Argumentation kann Meinhof der Elterngeneration unterstellen, dass sie nicht zwischen „Wesen" und „Erscheinung" unterscheiden konnte: Die Eltern hätten offensichtlich den nationalsozialistischen Antisemitismus als sozialistischen Antikapitalismus missverstanden und sich deshalb für den Faschismus begeistert. Die Protagonisten der 68er Bewegung wollten diesen historischen Irrtum ihrer Eltern berichtigen, indem sie den Faschismus gleichsam in einem letzten Gefecht endgültig vernichteten.

Diese Konstruktion der schwer traumatisierten Kinder des Nationalsozialismus barg einen Irrtum: Der millionenfache Mord am europäischen Judentum konnte nicht rückgängig gemacht werden. Deshalb schwiegen die 68er zum Holocaust: Die Flut der Bücher und Publikationen der 68er über „den Faschismus" spart das Thema Judenvernichtung weitgehend aus. Während 1968 viele Nazi-Prozesse in Deutschland geführt wurden, die eine sehr hohe mediale Resonanz erzeugten, schwiegen die Gazetten der Menschheitserlöser zu diesen Themen.

Auffallend ist darüber hinaus, wie schnell sich der Antizionismus unter den jungen Rebellen verbreitete und wie problemlos die „wahren faschistischen Mächte" identifiziert wurden: die USA und Israel. In den Augen ihrer Elterngeneration waren die Vereinigten Staaten die Büttel des internationalen Judentums, nun wurde Israel zur Speerspitze des amerikanischen Imperialismus und Faschismus erklärt.

Der Antiamerikanismus war beiden Generationen eigen, wenn man von einer kurzen Zeit der Begeisterung der deutschen Jugend für John F. Kennedy absieht. Die Forcierung des Vietnam-Kriegs unter

[42] *Historisch gesehen trifft dies für viele linke Bewegungen zu.*

dem Präsidenten Lyndon B. Johnson brachte die amerikanische Jugend auf die Straße. In ihrem Gefolge entstand in Deutschland die Begeisterung für die vietnamesischen Kommunisten und den USA schlug ein blanker Hass entgegen. Die Kritik an der amerikanischen Kriegsführung zeitigte absurde Vergleiche zwischen den Nazis und den „amerikanischen SS-Männern" in Vietnam.[43] Die Nazifizierung der USA durch die Studentenbewegung war der Versuch, die eigene nationale Vergangenheit zu relativieren bzw. zu entsorgen. Eine kritische Beschäftigung mit der amerikanischen Indochina-Politik fand jedoch nicht statt, stattdessen wurden die USA als faschistisches Monster dämonisiert. Die Studenten solidarisierten sich mit dem totalitären Nordvietnam und feierten dessen kommunistischen Führer Ho-Chi-Minh frenetisch: Sein Bildnis wurde – neben den Säulenheiligen Marx und Engels – auf jeder Demonstration wie eine religiöse Ikone durch die Städte Westdeutschlands getragen. In diesen Prozessionen zeigte sich nicht nur die Nähe zur katholischen Heiligenverehrung, sondern auch der Charakter einer politischen Religion.

Am Rande darf eine Anekdote über den Hohepriesters der APO – der Außerparlamentarischen Opposition – kurz erwähnt werden: Am 24. Dezember 1967 versuchte sich Rudi Dutschke als christlicher Seelsorger, als er während des Weihnachtsgottesdienstes von der Kanzel eine Predigt über den Vietnam-Krieg halten wollte. Er wurde jedoch auf recht unchristliche Weise von einem Gottesdienstbesucher niedergeschlagen.

1967 entstand der populäre Slogan „USA-SA-SS", nachdem die Amerikaner im vietnamesischen My Lai ein Massaker verübt hat-

[43] *Vgl. Aly S. 147f.*

ten, dem über fünfhundert Menschen zum Opfer gefallen waren. Mit den unentschuldbaren Fehlern und völkerrechtlichen Verbrechen der amerikanischen Kriegsführung fiel die letzte Tabugrenze: Die Verbrechen der Nationalsozialisten wurden schamlos relativiert und die USA als die wahren Nachfolger des Nationalsozialismus denunziert. Damit entfiel die Auseinandersetzung mit der eigenen nationalen Geschichte, weil nun der „neue Faschismus" den Weltfrieden bedrohte.

Spätestens seit dem Sechstage-Krieg 1967 zwischen Israel und den arabischen Staaten schwenkten die 68er auf die Seite der Palästinenser um. Die Tatsache, dass die Araber und Palästinenser eine Zwei-Staaten-Lösung für Palästina strikt ablehnten und die Vernichtung Israels auf ihre Fahnen geschrieben hatten, störte die jungen Revolutionäre keinesfalls.

Diese Haltung gegenüber Israel übernahmen die Araber von dem nationalsozialistischen Judenhasser, dem Führer der Muslimbruderschaft und Großmufti von Jerusalem Amin el-Husseini. Er zettelte schon 1929 in Jerusalem ein Pogrom an, dem viele einheimische palästinensische Juden zum Opfer fielen. Nach 1933 suchte er den Kontakt mit den Nationalsozialisten, die ihn im Kampf gegen die Briten als Bündnispartner akzeptierten. 1941 empfing Hitler El-Husseini, wobei er ihn in die Pläne für die Vernichtung der Juden im arabischen Raum einweihte und der Großmufti seine tatkräftige Unterstützung zusagte. Über einen deutschen Rundfunksender konnte er regelmäßig seine antisemitische Hetze in arabischer Sprache in die Welt des Nahen Ostens verkünden. Er besuchte inkognito mit Adolf Eichmann das Konzentrationslager Auschwitz, wo er sich selbst von der Vernichtung der Juden überzeugte. Darüber hinaus stellte er mit Zustimmung Hitlers am Balkan muslimische SS-Einheiten auf, für deren polit-religiöse Indoktrination in Sachsen ein „Imamen-Institut" für die Ausbildung muslimischer Geistlicher eingerichtet wurde. El-Husseini sah in Jassir Arafat, einem entfernten Verwandten, seinen Nachfolger.

Die Solidarisierung der 68er mit den Befreiungsbewegungen der arabischen Welt, die durchwegs Anhänger und Kollaborateure der Nazis waren, und die Verurteilung der westlichen Demokratien zeigte, dass sie den gleichen totalitären Weg eingeschlagen hatten wie die jungen Nationalsozialisten. Hier schließt sich der Kreis zwischen dem mörderischen nationalsozialistischen und arabischen Judenhass mit dem „emanzipierten Antizionismus" der 68er.

Die 68er träumten von einem Sozialismus, der die Befreiung des Menschen von Mühsal, Unterdrückung und Entfremdung bringen sollte – trotz aller negativen Erfahrungen mit den realen historischen Sozialismen. Niemals wurde analysiert, weshalb alle utopischen Ansätze zur Realisierung eines Sozialismus in den grauen Alltag totalitärer Herrschaft abglitten. Die naheliegende Frage, ob nicht die Struktur der gnostischen Erlösungsidee notwendigerweise die totale Herrschaft über Menschen beinhalte, wurde niemals auch nur ansatzweise thematisiert. Der kausale Zusammenhang von politischer Religion und absoluter Herrschaft war völlig tabuisiert, das triste Milieu des realen Sozialismus wurde mit fadenscheinigen Begründungen rationalisiert. Rudi Dutschke faselte in einem Interview mit der Zeitschrift konkret im Jahr 1968 davon, dass in den kommunistischen Ländern eine Konterrevolution durch die autoritären Parteien stattgefunden habe, in der sie das revolutionäre Konzept, dass „die Erzieher erzogen werden müssen", verraten hätten. Von dieser Kritik sparte er explizit Kuba und China aus, obwohl die chinesische Kulturrevolution nicht nur exorbitant viele Menschen, sondern auch unschätzbare Kulturgüter vernichtet hatte.[44]

Dutschke und seine Priester-Avantgarde träumten von der revolutionären Machtergreifung in Westdeutschland, die alles andere als friedlich verlaufen wäre. Ganz im Sinne der religiösen Eschatologie erwartete er einen „blutigen Endkampf“, der furchtbar sein würde. Hier zeigen sich wieder die Gewaltphantasien aller radikal-religiösen Menschheitserlöser: Sie sind fasziniert vom Blutopfer, vom biblischen Armageddon – vom letzten apokalyptischen Kampf, der gleichzeitig das Weltgericht und die Erlösung der Auserwählten ist. Doch es gibt auch den rationalen totalitären Dutschke, der sich einer durchaus modernen Machtstrategie nicht verschließt: dem Gang durch die Institutionen. Es war ihm offenbar bewusst, dass eine Gesellschaftsveränderung mitunter nur langfristig möglich ist.

Antonio Gramsci entwickelte in den 1920er Jahren eine marxistische Theorie des facettenreichen Verhältnisses von politischer Macht und kultureller Hegemonie. Mit Hegemonie wird ein Typus von Herrschaft verstanden, der im Wesentlichen auf der Fähigkeit basiert, eigene Interessen als gesellschaftliche Allgemeininteressen zu definieren und durchzusetzen. Die Orte der Auseinandersetzungen um die Hegemonie bezeichnete Gramsci als Zivilgesellschaft. Er ging davon aus, dass die kulturelle Hegemonie einer Partei oder politischen Bewegung die Voraussetzung für politische Herrschaft in modernen Gesellschaften ist. Die ideologischen Vorstellungen einer politischen Gruppe können sich nach Gramsci politisch erst dann durchsetzen, wenn sie zum kulturellen Mainstream, einem Bestandteil der Alltagskultur geworden sind.

[44] *Vgl. Dutschke, R., Mein langer Marsch, Frankfurt/Main 1980, S. 140.*

Dem Gang durch die Institutionen und der nachhaltigen Ideologisierung relevanter Teile der jüngeren Generation war ein großartiger Erfolg beschieden. Aus der radikalen Sektenkultur des harten Kerns der 68er entwickelte sich eine sozial verträgliche Utopie: Der Sozialismus mutierte zur multikulturellen Gesellschaft, aus den gewaltbereiten Volksbefreiern und Stadtguerilleros wurden Friedenskämpfer und ökologische Gutmenschen.

In Joseph Beuys fanden die 68er einen kongenialen Künstler, der politische und ästhetische Idiosynkrasien in die Museen brachte und sie damit gesellschaftsfähig machte. Die Vita von Beuys kann als eine Doppel-Biographie sowohl eines Vertreters der jungen Nazigeneration als auch der 68er gelesen werden: „Beuys gelingt die habituelle Verschmelzung von völkischem Wandervogel und Achtundsechziger Rebell."[45] Anders ausgedrückt: Der Hitlerjunge Beuys stieg 1933 in einen Zug, indem er einfach sitzen blieb, bis 1968 die Geleise erneuert wurden und die Fahrt weiterging. Jetzt war Beuys kein kleiner Pimpf mehr, sondern Zugführer. Beuys wuchs in den Jugendorganisationen des Nationalsozialismus im antiautoritären Widerstand gegen die liberalen und religiösen Werte und deren Protagonisten auf. Nach seinem eigenen Bekunden fühlte sich Beuys von den Nationalsozialisten keineswegs manipuliert, sondern genoss den Antiautoritarismus der Jugend im nationalsozialistischen Totalitarismus.

Mit den 68ern durfte er nochmals seine antibürgerliche Revolte wiederholen und von einer romantischen Gesellschaftsveränderung träumen. Die Wandlung vom strammen Hitlerjungen zum Anhänger von Rudolf Steiners Anthroposophie wurde auch von vielen

[45] *Wyss S. 107.*

Anhängern der 68er Bewegung vollzogen. Der esoterische Irrationalismus einer Helena Pedrovna Blavatski, der Begründerin der Theosophie, bot weitaus mehr individuelle Entfaltungsmöglichkeiten als die kruden Marxismen.

In Beuys hatten die 68er einen Mitstreiter gefunden, der den esoterischen Bedürfnissen der ehemaligen Rebellen entsprach. Der Schamane mit seinen friedlichen ökologischen und pazifistischen Heilsversprechungen traf den postrevolutionären Geist mittlerweile mehr als der asketische Berufspriester, der jeden Müßiggang als Rückfall in die Konterrevolution geißelte. Zwar ließe sich in Beuys Leben und Werk manch brauner Fleck wiederentdecken, doch fortan orientierte er sich an den gesellschaftlichen Vorstellungen Rudolf Steiners. Weder die Linken noch das geschätzte bürgerliche Publikum scherten sich jedoch um solche Banalitäten.

Beuys erfand den Begriff der Sozialen Skulptur: „eine Gesellschaftsordnung wie eine Plastik formen, das ist meine und die Aufgabe der Kunst."[46] Der Kern dieser Idee bestand in der Vorstellung, dass der „Mensch" mit den Mitteln der „Kunst" zu ändern sei, womit er eine Gegenposition zu den in den 1960er Jahren propagierten Mitteln des „Klassenkampfes" bezog. Die Kunst habe die Aufgabe, sich mit den großen Menschheitsfragen auseinanderzusetzen. Mit dieser Idee kehrte er zu Richards Wagners Vorstellung eines Gesamtkunstwerks zurück: Kunst als gesellschaftliche Religion. Hier findet sich die bekannte Hybris vom Künstler als Demiurgen wieder. In etlichen öffentlichen Kunstaktionen inszenierte sich Beuys als Christus: als Erlöser.

[46] *Zitiert nach: Oman, H., Joseph Beuys. Die Kunst auf dem Weg zum Leben. München 1998, S. 7*

Die Rebellion der 68er löste sich jedoch nicht in ein idyllisches anthroposophisches Biotop auf, sondern veränderte die deutsche Gesellschaft und Politik mit bedenklichen Konsequenzen. In der Bildungspolitik verhinderten die 68er die zaghaft begonnene Liberalisierung des Bildungssystems, indem sie die Geistes- und Sozialwissenschaften im Sinne Gramscis unter ihre Hegemonie brachten und in den letzten Jahrzehnten ideologisch dominierten. Beat Wyss weist auf die Bildungsfeindlichkeit der 68er und ihre Folgen hin: „In ihrem fundamentalistischen Hass gegen den ‚scheißliberalen Bildungsbürger' stießen sie, was schon gefallen war. Trotz der erklärten Aufarbeitung der Vergangenheit hatten die Achtundsechziger übersehen, dass eine tragende Säule des Bildungsbürgertums mit den Juden liquidiert worden war. Der heutige Finanzkapitalismus kommt ohne das Feigenblatt der Kultur aus."[47] In ihrer Wut und Agitation gegen das Bildungsbürgertum wurden die 68er letztlich zu „Frontschweinen" eines seelenlosen Kapitalismus.

Die 68er errangen in allen kulturellen Bereichen – im Bildungswesen, im Feuilleton, in den Rundfunk- und Fernsehstationen – die Deutungshoheit. Als der Altbundeskanzler Helmut Kohl Anfang der achtziger Jahre des letzten Jahrhunderts zu einer „geistigen und moralischen Wende" aufrief, scheiterte er kläglich. Die untergegangene bürgerliche Welt hatte keine Kraft und keine Möglichkeit mehr, in das Kulturleben der Republik einzugreifen: Ihr blieben die Stehpartys und das Theaterfoyer.

Die errungene kulturelle Hegemonie schlug jedoch bald in eine entsprechende Monotonie um: Die kulturellen Folgen sind die Verhinderung von hochstehenden Eliten zugunsten eines Klientelsystems,

[47] *Wyss. S. 14.*

das mehr oder weniger undurchlässig ist. Beat Wyss umschreibt die Karrieremöglichkeiten eines Eleven der Wissenschaft: „Eine Hochschulkarriere beginnt damit, der für ein Fach einschlägigen Diskurssekte beizutreten. Die Achtundsechziger haben ihre politischen Themen mit institutionellen Interessen gleichgesetzt und eine Schülergeneration herangezogen, die, wie nie zuvor, gefördert wird, wenn sie sich dem vorgesetzten Rahmen opportunistisch unterwirft.“[48]

Der gefährliche Vater wurde politisch endgültig entmachtet und die Geschwisterhorde wacht peinlich darüber, die gewonnene Macht nicht wieder zu verlieren. Die 68er gingen den Weg zur vaterlosen Gesellschaft bis zu ihrem bitteren Ende: Die Konsequenz ist eine unvorstellbare Nivellierung von Wissen, Kultur und Politik.

Die gegenwärtige Kultur ist von einem allseitigen Konformismus gekennzeichnet: Die kulturelle Hegemonie der 68er und ihrer Epigonen setzte sich bis in die hintersten Winkel der Republik durch. Fragen nach der demographischen Zukunft, der Finanzierung des Sozialstaates und des Rentensystems, des Islam und des Rechtsstaates werden systematisch ausgeblendet.

Die Eliten der Gesellschaft verhalten sich so, als würden sie sich in einem Wachtraum befinden und jegliches Erwachen aus dem formidablen Traumgehäuse verhindern. Für Sigmund Freud waren Tagträume infantile neurotische Wunschphantasien, die er als Vorstufe unbewusster hysterischer Symptome deutete: Die Wünsche und die Realität werden in ungeordneter Weise verquickt und zu einem Bündel neuer Traumrealitäten verwoben.[49]

[48] *Ders. S. 216.*
[49] *Vgl. Freud, S., Die Traumdeutung, Frankfurt/M. 1972, S. 280ff.*

Bei den überzeugten Multikulturalisten handelt es sich offensichtlich um traumatisierte Personen, die im Sinne einer Sündenbocktheorie glauben, dass die Bewältigung der totalitären Vergangenheit nur durch eine rabiate Ent-Deutschung möglich sei. Diese neurotische Fixierung auf die Vergangenheit kreiert ein Weltbild, in dem alles Fremde einen positiven Wert darstellt. Das Eigene wird radikal abgewertet und soll letztendlich ausgelöscht werden: Aus dem neurotischen Selbsthass entsteht eine unbewusste Selbstvernichtungsphantasie. Dieser Selbsthass speist sich bei der 68er-Generation aus den Verbrechen des Nationalsozialismus – sprich: der Eltern –, aus der Verachtung der westlichen Zivilisation, die historisch als gigantischer Kolonialismus wahrgenommen wird, und der Überhöhung aller außereuropäischen Kulturen. Religionspsychologisch könnte man die Idee des Multikulturalismus als Versuch einer Sühne interpretieren, als Wiedergutmachung an einem imaginierten Opfer. In dieser quasi-religiösen Kollektivneurose nimmt der Migrant den Status des Unantastbaren ein, dessen empirische Erscheinung nicht thematisiert werden darf. Die Rollen sind eindeutig definiert: In den Migranten verdichten sich unbewusst die Opfer der deutschen bzw. der europäischen Geschichte, denen eine Gesellschaft gegenübersteht, die sich ihrer historischen Verantwortung nicht bewusst ist und im Grunde so rassistisch handelt wie die früheren Generationen. Dieses Konstrukt erfüllt die Bedingungen einer klassischen Neurose: Die ursprüngliche Traumatisierung durch die Barbareien der Altvorderen wird verdrängt und man sucht ein Objekt, dem gegenüber eine Sühneleistung – selbst um den Preis der kollektiven Existenz – erbracht wird.

Jede kritische Hinterfragung der fehlgeschlagenen Integration, sei es die Integrationswilligkeit von Migranten oder die Frage nach dem Gewaltpotential der islamischen Religion, gibt diesen sinnlosen Akt einer von niemandem eingeforderten Wiedergutmachung sofort der Lächerlichkeit preis. Deshalb reagieren die Vertreter des Multikulturalismus auf Kritik derart hysterisch: Psychoanalytisch betrachtet ist der Multikulturalismus der hilflose Versuch einer Wiedergutmachung vermeintlicher Schuld am falschen Objekt.

Die neurotische Schuld ist jedoch gepaart mit einem unbewussten Hass auf die Eltern bzw. die Gesellschaft. Auf den Kritiker des Multikulturalismus wird dieser unbewusste Hass projiziert: Man stellt ihn in die völkische bzw. nationalsozialistische Ecke: In einer neurotischen Projektion repräsentiert er den verdrängten Aggressor – den nationalsozialistischen Vater.

Dem Multikulturalismus wird somit der Status einer neuen Heilsideologie verliehen: der Verbrüderung der Vaterlosen mit den Geknechteten dieser Welt. Mitscherlich durchschaute sehr klar die Ambivalenz der vaterlosen Horde: Einerseits sah er den unbedingten Willen zur Rebellion und andererseits ihre tiefe Sehnsucht nach einer Einordnung in die Gemeinschaften Gleichgesinnter. Die vaterlosen Irrenden sind unfähig, eine autonome Persönlichkeit zu entwickeln und verbleiben ihr ganzes Leben in der Abhängigkeit ihrer romantischen und latent totalitären Peergroup.

Alexander Mitscherlich erwies sich im Nachhinein als kluger Analytiker der heutigen Gesellschaften. Seine längst vergessene Zeitdiagnose wurde erst Jahrzehnte nach der Niederschrift zur gesellschaftlichen Wirklichkeit. Am Beispiel der Generation von 1968 konnten die Regressionsmechanismen gezeigt werden, wenn die gesellschaftlichen Eliten nicht mehr einer Verantwortungsethik folgen, sondern einer Gesinnungsethik frönen. Diese Mechanismen treffen jedoch nicht nur auf die 68er zu, sondern sind mittlerweile ein gesamtgesellschaftliches Phänomen, insbesondere in der Politik, der Wirtschaft und den Medien.

Eine zukunftsversprechende Perspektive für europäische Gesellschaften kann nur in der Überwindung der multikulturellen Ideologie und in der Thematisierung der verdrängten Probleme liegen. Dies würde jedoch bedeuten, dass die Europäer – insbesondere die Deutschen – ihre romantischen Utopien begraben und das Projekt einer postmodernen offenen Gesellschaft neu überdenken.

Andreas Tögel

Der Wohlfahrtsstaat leistet ganze Arbeit

«Egoismus hat etwas mit Infantilität zu tun, wobei der Egoismus von Kleinkindern ganz natürlich ist und daran auch überhaupt nichts auszusetzen ist. Bei der grassierenden Infantilität in der Gesellschaft sieht das aber anders aus – es ist eine Verkindlichung der Gesellschaft – das ist eine Gesellschaft in der keiner mehr Verantwortung übernehmen möchte – jeder hat nur Rechte und pocht darauf – aber niemand hat Pflichten. Jeder sieht nur seine „Bedürfnisse" und er fühlt sich legitimiert, das Ziel der Befriedigung dieser Bedürfnisse über alles andere zu stellen. Diese Verkindlichung der Menschen wird von den Mächtigen gefördert.»

(Carl Schmitt)

Wer heute sein Fernsehgerät einschaltet, sieht sich – und zwar auf so gut wie allen Kanälen – mit einer überwältigenden Vielzahl von Programmen konfrontiert, die sich auf einem geradezu unterirdisch niedrigen Niveau bewegen. Der Begriff „Sozialporno" eignet sich am besten zu deren zusammenfassender Charakterisierung. Ob nun adipöse Menschen bei qualvollen Versuchen präsentiert werden, abzunehmen; ob vorzugsweise ebenso unmusikalische wie unattraktive „Prominente" sich dabei vorführen lassen, wie sie sich bei Tanzshows oder beim Käfer- und Wurmverzehr zum Affen machen; oder ob peinliche Bemühungen um die Suche nach einem Lebenspartner voyeuristisch begleitet werden: Offenbar empfinden viele Menschen ihr eigenes Leben als derart ereignislos und uninteressant, dass ihnen die Beobachtung anderer eine dringend benötigte Ersatzbefriedigung verschafft. Als Ausdruck des „Erwachsenseins" ist das wohl kaum zu bewerten.

Die Fähigkeit, sich sinnvoll mit sich selbst zu beschäftigen und auf die passive Konsumation von die vorhandenen Reste von Geist abstumpfenden Bildmaterial zu verzichten, kommt immer mehr Menschen nach und nach abhanden. Kurzum: Eine wachsende Anzahl von Bürgern verhält sich wie kleine Kinder, die unentwegt unterhalten und von anderen bei Laune gehalten werden wollen.

Das Feuilleton einer renommierten Zeitung wie der FAZ diagnostiziert bereits eine „zunehmende Infantilisierung der Zeitgenossen", die sich unter anderem im Siegeszug der oben angeführten Sendeformate und zahlreicher anderer geisttötender Lustbarkeiten manifestiert. Es ist daher an der Zeit, sich auf die Suche nach den Ursachen dieses erstaunlichen Phänomens zu begeben, das Erwachsene wieder zu Kindern werden oder Kinder gar nicht erst erwachsen werden lässt.

Definition

Zunächst eine Begriffsbestimmung: Im Internetlexikon Wikipedia findet sich unter dem Stichwort „Infantilismus" folgender Eintrag: „Der Begriff Infantilismus bezeichnet den Zustand des Zurückbleibens auf der Stufe eines Kindes und kann sich sowohl auf die körperliche als auch auf die geistige Entwicklung beziehen. Der Begriff stammt vom lateinischen Wort infantilis (dt. kindlich) ab und hat in den einzelnen Fachgebieten genauer abgegrenzte Bedeutungen."

Das klinische Wörterbuch Pschyrembel definiert Infantilismus als „...Stehenbleiben der geistigen und körperlichen Entwicklung auf kindlicher Stufe“ und verweist darüber hinaus auf den Begriff „Puerismus“ der definiert wird als: „...Wiederauftreten kindlichen Verhaltens im Erwachsenenalter.“

Das Wilhelm-Griesinger-Institut für Psychotherapie und Psychosomatik liefert folgende Definition: „Der Begriff des Infantilismus oder die Infantilität charakterisiert eine Persönlichkeit, die in wesentlichen Bereichen dauernd kindhafte Eigenschaften aufweist.“ [...]Infantile haben den zentralen Konflikt eines jeden Menschen, nämlich den Ablösungskonflikt von den Eltern und von der Kindheit, nicht ausreichend bewältigt. [...] Der Infantile lehnt die Welt der Erwachsenen mehr oder weniger ab, er ist in der Welt des Kindes steckengeblieben.“

Der letzte Satz bildet den Ausgangspunkt dieses Beitrags, dessen Inhalt aber nicht klinischen Phänomenen gewidmet ist, die bei einzelnen Individuen auftreten, sondern sich vielmehr mit dem kollektiven Verhalten der Gesellschaften moderner Wohlfahrtsstaaten auseinandersetzt. Die zunehmende Orientierungslosigkeit eines immer größeren Teils der Zeitgenossen; deren Weigerung und Unfähigkeit, Verantwortung zu übernehmen; ihre fortwährende Suche nach Schuldigen für ihr Versagen bei der Bewältigung ihres eigenen Lebens; die niemals enden wollende Jagd nach geistig anspruchsloser Zerstreuung (die auch schon Arthur Schopenhauer in seinen Aphorismen aufs Korn genommen hat); für all das sollten plausible Gründe zu finden sein.

Gute Eltern

„Wie überfürsorgliche Eltern schaden uns diejenigen, die uns zu helfen versuchen, am meisten."

(Nassim Taleb)

Rational handelnde, verantwortungsvolle Eltern setzen alles daran, ihre Kinder so gut wie möglich vor allen Gefahren zu beschützen, die ihnen drohen. Sind die Kinder noch klein und zum Gebrauch des eigenen Verstandes und zu eigener Einsicht noch nicht fähig, geht es auch gar nicht anders. In Momenten der Gefahr sind weitschweifige Erklärungen unangebracht. In solchen Situationen muss einfach entschlossen gehandelt werden – augenblicklich und bei Bedarf unter Einsatz brachialer Mittel. Einem Zweijährigen, der sich soeben anschickt, unbekümmert und ohne auf den Verkehr zu achten, auf die Fahrbahn einer stark befahrenen Straße zu laufen, hilft die wachsame Mutter nicht durch liebevolles Zureden, sondern indem sie ihn sich greift und notfalls gewaltsam zurückhält.

Allerdings sind gute Eltern bemüht, ihre Kinder auf die auf sie lauernden Fährnisse so gut wie möglich vorzubereiten und sie so zu erziehen, dass sie selbst ein Sensorium dafür entwickeln, das sie in die Lage versetzt, aus eigenem Entschluss und mit eigener Kraft erfolgreich darauf zu reagieren. Sie werden den im Umgang mit Säuglingen und Kleinkindern gebotenen Paternalismus dem Alter und der zunehmenden Urteilskraft ihrer Sprösslinge entsprechend, schrittweise zurückfahren. Das Übernehmen von Verantwortung will schließlich erlernt sein – und das kann nicht gelingen, wenn überfürsorgliche Eltern jeden einzelnen Schritt ihres Nachwuchses bis über die Pubertät hinaus zu überwachen und zu lenken trachten.

Kinder, die nicht beizeiten lernen, sich vom Rockzipfel ihrer Mutter zu entfernen und auf eigenen Beinen zu stehen, ohne bei jedem Schritt zu stolpern, werden es im Leben nicht weit bringen – zumindest nicht ohne ernsthafte Blessuren. Die Erfahrung des Scheiterns im Kleinen ist nämlich außerordentlich wichtig, um geeignete Strategien entwickeln zu können, wirklich großen Niederlagen im Erwachsenenalter nach Möglichkeit vorzubeugen. Je später der erste ernsthafte Rückschlag eintritt – etwa, weil überfürsorgliche Eltern ihrem Nachwuchs immer jedes sich vor ihnen auftürmende Hindernis aus dem Weg geräumt haben – desto schmerzhafter und frustrierender wird dieser empfunden werden.

Kurzum: Gute Eltern zeichnen sich dadurch aus, dass sie ihren Kindern das zur Bewältigung ihres Lebens notwenige Rüstzeug mitgeben, damit diese später auf eigenen Beinen stehen und ihr Leben aus eigener Kraft und mit voller Verantwortung für ihre Handlungen bewältigen können. Gute Eltern werden nicht versuchen, stets in die Geschicke ihrer Kinder lenkend einzugreifen, sie bis ins Erwachsenenalter unter Kuratel zu stellen und andauernd vor sich selbst und den Folgen ihrer Handlungen zu beschützen. Sie werden all ihr Sinnen und Trachten darauf richten, ihren Nachwuchs zu verantwortungsbewussten, selbständigen Persönlichkeiten heranzuziehen, die sich bei der Bewältigung ihres Lebens stets ihres Verstandes bedienen und sich nicht auf die Hilfe anderer verlassen.

Der Rabenvater

„Immer noch haben die die Welt zur Hölle gemacht, die vorgeben, sie zum Paradies zu machen.“

(Friedrich Hölderlin)

Die Rolle, die einst intakten, funktionierenden Familien zukam, übernimmt in wachsendem Ausmaß der moderne Wohlfahrtsstaat. Der tritt mit dem zunächst verführerisch klingenden Anspruch an, seine Bürger – gleich einem um seine Kinder besorgten Vater – vor allen Fährnissen des Lebens beschützen zu wollen. Er liefert zu diesem Zweck allerdings – anders als fürsorgliche Kindeseltern, die ihre Erziehungsaktivitäten im Laufe der Zeit schrittweise zurücknehmen – ein alle Lebensbereiche durchdringendes Gesamtpaket, das von der Wiege bis zur Bahre reicht und dem niemand entrinnen kann und soll.

Der Wohlfahrtsstaat ist weit über die Grenzen jener vom deutschen Denker und Sozialistenführer Ferdinand Lassalle einst verächtlich als „Nachtwächterstaat" abqualifizierten Organisation hinausgewachsen, die sich lediglich der Aufrechterhaltung von Recht und Gesetz in einem definierten Territorium verpflichtet sah und mit einem Minimum an beamtetem Personal und Geld auskam.

Der Staat hat heute so gut wie alle für die Gesellschaft wesentlichen Bereiche direkt oder indirekt unter seine Fuchtel gebracht: Schulwesen, Universitäten, Gesundheits- und Pensionssystem, Energieversorgung, Eisenbahnwesen und Straßenbau – allesamt Angebote, die ohne weiteres auch von privaten Anbietern unter Wettbewerbsbedingungen erbracht werden könnten. Private Alternativen zum obligat zu konsumierenden, staatlichen Angebot existieren allenfalls in Nischen.

Hier ist nicht der Platz, um auf die in exakt 100 von 100 Fällen eintretenden, üblen ökonomischen Konsequenzen des Ersatzes von Marktmechanismen durch die zentralistische Planung einer Kommandowirtschaft einzugehen. Indes führt die ständig weitergehende Zurückdrängung von Privatrecht, Markt und Wettbewerb – weit über den Bereich von Kindeserziehung und -Bildung hinaus – zu folgenschweren Konsequenzen, die für den Gegenstand dieser Abhandlung von großer Bedeutung sind.

„Es gibt zwei grundsätzlich entgegengesetzte Mittel, mit denen der überall durch den gleichen Trieb der Lebensfürsorge in Bewegung gesetzte Mensch die nötigen Befriedigungsmittel erlangen kann: Arbeit und Raub, eigne Arbeit und gewaltsame Aneignung fremder Arbeit."

(Franz Oppenheimer)

Jeder Staat schafft zwei Klassen von Menschen: Diejenigen, die ihn finanzieren und andere, die von ihm (d. h. den von ersteren geleisteten Steuern) leben. Die Mentalität jedes Einzelnen wird maßgeblich dadurch geprägt, welcher der beiden Gruppen er angehört. Wer sein Geld in der Sphäre des Marktes verdient, ist es gewöhnt, Leistungen zu erbringen, die von zahlungskräftigen Kunden nachgefragt werden. Wer dagegen im Dunstkreis des Leviathans sein Einkommen „erwirtschaftet" oder von Transferzahlungen lebt, steht nicht vor dieser Herausforderung. Was er auch tut oder lässt: Darauf, seinen Mitmenschen einen nützlichen Dienst zu leisten, braucht er/sie keinen Gedanken zu verschwenden.

Büttel und Schergen

Personen, die selbst niemals etwas anderes als den staatlichen Apparat der Zwangsbeschulung in all seinen prächtig schillernden Facetten kennengelernt haben (von der Volksschule übers Gymnasium in die Hochschule) und anschließend – egal in welcher Funktion – beim Staat anheuern, leben Zeitlebens in einer ebenso komfortablen wie surrealen Parallelwelt. Als öffentlich Bedienstete brauchen sie sich den Schrecknissen des Wettbewerbs – und damit der Notwendigkeit, sich und ihre Tätigkeit der Bewertung durch eine kritische Kundschaft zu unterwerfen, nicht zu stellen – und das lebenslänglich. Was auch immer sie tun (oder nicht tun), ist für ihren Broterwerb ohne Bedeutung. Ihr von den Steuerzahlern zu erwirtschaftendes Einkommen ist ja in keiner Weise an messbare Leistungen, respektive an deren Bewertung durch die unfreiwilligen Zahler gebunden.

Dass aber jemand, der für sein eigenes Leben – zumindest für den wesentlichen Teil des Broterwerbs – niemals Verantwortung übernehmen musste, weil er/sie als Beamter sicher sein kann, ungeachtet der von ihm/ihr erbrachten Leistungen auf Kosten Dritter alimentiert zu werden, dazu qualifiziert sein sollte, das Leben des produktiv tätigen Teils der Menschen zu reglementieren, darf massiv angezweifelt werden.

Wer an dieser Stelle einwendet, dass Exekutivbeamten ja gar keine Gesetzgebungskompetenz zukommt, sollte nicht übersehen, dass sich der weit überwiegende Teil der politischen Verantwortungsträger aus den Reihen des öffentlichen Dienstes, sowie der Zwangsvertretungen der Berufsstände, Gewerkschaften und öffentlichen Unternehmen (die vergleichbare Privilegien genießen) rekrutiert.

Gewaltentrennung findet heute allenfalls in der politischen Theorie, nicht aber der gelebten Praxis in der Spätzeit des europäischen Wohlfahrtssozialismus statt. Die herrschende Kamarilla hat zu 99% niemals im Leben auch nur einen einzigen Cent mit produktiver Arbeit unter Wettbewerbsbedingungen verdient. Das prägt.

Ohne Staat ein Nichts

„Wer seinen Mitmenschen zu dienen nicht in der Lage ist, will sie beherrschen."

(Ludwig Mises)

Die gescheiteren Individuen in den Reihen der Politnomenklatura wissen natürlich, dass sie nichts zu verteilen haben, was nicht zuvor von anderen im Schweiße ihres Angesichts erarbeitet wurde. Sie selbst tragen ja zur Wertschöpfung schließlich nicht das Geringste bei. Aufgrund ihrer Ausbildung und ihrer charakterlichen Verfassung sind sie dazu Großteils wohl auch völlig unfähig. „Ohne Partei sind wir nichts" räsonierte einst der österreichische Kanzler Fred Sinowatz – und der musste es als beamteter Apparatschik schließlich wissen.

Im oben stehenden Zitat Ludwig Mises´ kommt zum Ausdruck, dass der überwiegende Teil der Mitglieder der herrschenden Klasse – mangels Nachfrage nach den von ihnen offerierten „Leistungen" – in einer privatrechtsbestimmten, freiheitlichen Marktgesellschaft keinen Blumentopf zu gewinnen hätte. Denn die für eine Karriere in der Politik gefragten Qualitäten, Kenntnisse und Fähigkeiten (Skrupellosigkeit, ein hochentwickeltes Talent zur planmäßigen Lüge und Desinformation und ein unbändiges Verlangen, andere zu einem Verhalten zu nötigen, das nicht deren eigenen Vorstellungen entspricht), sind für das Fortkommen in der Wirtschaft unbrauchbar und daher unverkäuflich. Deshalb verlegen die sich zu politischen Karrieren berufen fühlenden Damen und Herren sich darauf, an die Stelle ehrlicher Arbeit die Bevormundung, Ausbeutung und Unterdrückung ihrer Mitmenschen zu setzen. In aller Regel erzielen sie damit Einkommen in einer Höhe, wie sie in der Privatwirtschaft selten sind, und die sie mit den ihnen eignen Voraussetzungen außerhalb geschützter Werkstätten niemals erzielen könnten.

Materielle Werte werden nur und ausschließlich im produktiven Teil der Welt, in dem des Marktes, geschaffen. Die Mitglieder der politischen Sphäre dagegen führen eine parasitäre Existenz. Sie generieren ihr Einkommen nicht mit wirtschaftlichen, sondern mit politischen Mitteln (Franz Oppenheimer: „Der Staat"). Ohne Euphemismus ausgedrückt: mit Raub und Diebstahl. Ihre Aktivitäten wurden daher völlig zu Recht mit jenen eines „stationären Banditen" verglichen (Mancur Olson: „Macht und Wohlstand").

Da Politiker sich keines wesentlich höheren Ansehens erfreuen als gemeine Banditen, kommt es für sie darauf an, diesen Sachverhalt bestmöglich zu verschleiern. Etwa, indem der Wert steuerfinanzierter „öffentlicher Güter", auf die sie maßgeblichen Einfluss haben, so stark wie nur irgend möglich überhöht wird. Darüber hinaus sind sie bemüht, möglichst viele Nutznießer ihres Treibens zu schaffen, die an der Beute teilhaben dürfen. Auf diese Weise kaufen sie sich – ums Geld fremder Leute – wohlfeile Zustimmung.

Ohne Privateigentum keine Selbstbestimmung

Der zentrale „Gemeinwert" des Wohlfahrtsstaates ist die „soziale Gerechtigkeit". Die aber kann nach Ansicht der über die unumschränkte Deutungshoheit verfügenden Sozialisten in allen Parteien, nur mittels rigoroser Eingriffe in private Eigentumsrechte verwirklicht werden. Um dafür den Boden aufzubereiten, werden die Verfügungsrechte des rechtmäßigen Eigentümers über seine Sachen (sein Vermögen und/oder sein Einkommen) von der politischen Klasse systematisch negativ konnotiert – etwa mit Egoismus, Gier und Maßlosigkeit. Das gewaltsame Eindringen des Staates in privates Eigentum wird dagegen kontrafaktisch zum Akt der Solidarität und der Nächstenliebe verklärt. Dass Solidarität und Nächstenliebe Phänomene sind, die auf Freiwilligkeit und nicht auf Gewaltanwendung oder –androhung beruhen, wird ausgeblendet. Es ist keine geringe Leistung, diejenigen, die mit ihrer Arbeit Werte schaffen – und behalten wollen – der Gier zu bezichtigen, während diejenigen, die es ihnen gewaltsam abnehmen, zu Helden der Solidargemeinschaft stilisiert werden. Die Tatsache, dass Raub und Diebstahl auch dann kriminelle Akte bleiben, wenn sie – vorgeblich – im Interesse angeblich Unterprivilegierter erfolgen, gerät nach und nach aus dem Blick. Ebenso die Tatsache, dass der Großteil der den „Reichen" entrissenen Beute die Unterprivilegierten niemals erreicht, sondern bei den Systemschranzen hängenbleibt.

Im Ergebnis wird ein immer größerer Teil der Bürger planmäßig darauf konditioniert, sein wirtschaftliches Überleben nicht mehr aus eigener Kraft bewerkstelligen zu wollen und zu können, sondern immer stärker auf die Aktivitäten einer allsorgenden Staatsgouvernante zu vertrauen und/oder von Transferzahlungen und Subsidien zu leben. Die Frage, woher die umverteilten Mittel stammen und weshalb ein ständig kleiner werdender Teil der Gesellschaft sich den Rücken krummschuften soll, weil einem immer größer werdenden der Sinn nicht danach steht, einer produktiven Erwerbsarbeit nachzugehen, verliert zunehmend an Bedeutung.

Ohne Haftung kein Verantwortungsgefühl

Die verheerende Wirkung, die der Wohlfahrtsstaat auf Moral und Rechtsempfinden ausübt, wird anhand folgender Tatsache klar:

Kaum jemand kommt auf die Idee oder befindet es gar als rechtlich in Ordnung, ins Haus seines Nachbarn einzusteigen und dort Wertgegenstände zu entwenden. Sehr viele Zeitgenossen finden indes überhaupt nichts dabei, wenn der Staat ihnen Teile des Vermögens Dritter zuschanzt, die er selbst zuvor gewaltsam enteignet hat. Dass ein Unrecht aber weder dadurch zum Recht wird, dass es im Kollektiv begangen wird, noch dadurch, dass der Staat es begeht, macht sich kaum noch jemand bewusst.

„Wenn Du Dich weigerst, ungerechte Steuern zu bezahlen, wird Dein Eigentum konfisziert. Wenn Du versuchst, Dein Eigentum zu verteidigen, wirst Du festgenommen. Wenn Du Dich der Festnahem widersetzt, wirst Du niedergeknüppelt. Wenn Du Dich dagegen wehrst, wirst Du erschossen. Diese Maßnahmen sind bekannt als Rechtsstaatlichkeit.“ (Albert Abbey)

Ein selbstbestimmtes Leben bedingt, für alle Konsequenzen seiner Handlungen Verantwortung zu übernehmen und für allenfalls angerichteten Schaden haften zu müssen. Das ist in einer „kapitalistischen“ Marktwirtschaft der Fall. Die obligate Haftung für die Folgen jeder Handlung zählt sogar zu ihren wichtigsten Grundlagen. Wer in einer „kapitalistischen“ Gesellschaft seinen Mitmenschen von diesen nachgefragte Dienste leistet, darf sich über die Früchte seiner Arbeit freuen und diese auch ungehindert genießen. Wer aber Fehlentscheidungen trifft oder gar Dritten Schaden stiftet, wird dafür umgehend zur Rechenschaft gezogen und bestraft (zum Beispiel durch Vermögensverlust).

Werteumkehr

Der Wohlfahrtsstaat stellt all diese über lange Zeiträume hinweg gewachsenen und bewährten Regulative, die zu einem Leben in Verantwortung anleiten, auf den Kopf. Denn er nimmt den Bürgern ihre Verantwortung in wachsendem Maße ab. Er fördert, begünstigt und belohnt ein Leben als Müßiggänger, Asozialer oder Soziopath. Nahezu alle Aktivitäten des „Nanny State" (Iain MacLeod) oder des „Therapeutic State" (Paul Gottfried) laufen darauf hinaus, Erwachsene dauerhaft in die Rolle unbelehrbarer Kleinkinder zu drängen und damit genau das zu tun, was verantwortungsvolle Eltern eben nicht tun: ihren Nachwuchs zu ständig Anspruchsberechtigten zu erziehen und dauerhaft von ihren Zuwendungen abhängig und damit willfährig zu halten.

Der moderne Leviathan hindert die Menschen daran, Verträge nach eigenem Gutdünken und freier Übereinkunft zu schließen, wie am Beispiel von Arbeitsrecht und Mietrecht deutlich wird. Er verunmöglicht es, eigene Vorsorgen für Alter und Krankheit zu treffen, indem er ihnen obligate Zwangsversicherungen mit Umverteilungscharakter oktroyiert. Er macht es Eltern, unter Einsatz der faktisch unentrinnbaren staatlichen Zwangsbeschulung mit Gehirnwäschecharakter, schwer, ihre Kinder nach bestem Wissen und Gewissen selbst zu erziehen. Das Endergebnis bildet der unmündige, unselbständige und damit leicht beherrschbare Untertan.

Demokratisches Dilemma

Wir stehen vor einem paradoxen Phänomen: Zwar genießt die politische Klasse ein kaum noch zu unterbietend schlechtes Image. Sie wird von den Untertanen – völlig zu Recht – als Bande notorischer Lügner, an chronischer Selbstüberschätzung leidender Phantasten und/oder gewissenloser Gauner gesehen. Gleichwohl erwarten die Bürger von diesen Produkten einer rigorosen Negativauslese der Gesellschaft Lösungen für alle Probleme, mit denen sie in ihrem Leben konfrontiert sind. Ein Begehren, das entweder blödsinnig oder kindisch – infantil – zu nennen ist.

„Macht korrumpiert. Absolute Macht korrumpiert absolut."

(Lord Dalberg-Acton)

Die Politikerkaste andererseits ist an allem anderen als an denkenden und zur Kritik fähigen Bürgern interessiert. Sie wünscht sich dankbare und leicht lenkbare Untertanen – und zwar heute mehr als zur Zeit absolutistischer Herrschen vom Schlage Ludwigs des Vierzehnten oder Friedrichs des Zweiten, die vergleichsweise freisinnige Regime führten.

Der demokratische Wohlfahrtsstaat ist das Vehikel für eine Zeitreise in die Welt vor der Ära der Aufklärung. Der Gebrauch des (eignen) Verstandes – der Aufbruch zur Mündigkeit – das war zu Immanuel Kants Zeit modern. Heute wird rationales, erwachsenes Denken mehr und mehr durch den infantilen Glauben an die alleinseligmachende Allmacht des Staates ersetzt.

Die „demokratische Krankheit" (Christoph Braunschweig) des sozialistischen Wohlfahrtsstaates besteht in der zweifachen Verantwortungslosigkeit von Wählern und Gewählten. Erstere treffen in der Anonymität der Wahlzelle Entscheidungen, die zwar maßgeblich und unmittelbar ins Leben ihrer Mitmenschen eingreifen, für die sie aber nicht verantwortlich gemacht werden können. Letztere verschanzen sich hinter ihrem Mandat und sind für ihre (Fehl)Entscheidungen niemals haftbar, weil sie ja schließlich nur im Auftrag ihrer Wähler tätig werden. Es liegt auf der Hand, dass ein derart verfasstes politisches System völlig falsche Anreize schafft und jede Gesellschaft langfristig in den Abgrund treiben muss.

Konsequenzen staatlicher Zwangsbeschulung

Der für die politische Führung ideale Bürger – der von den linken Agenten des staatlichen Zwangsschulsystems jeden eigenständigen Denkens entwöhnte, und dank der unentwegten Desinformation durch die gleichgeschalteten Massenmedien bis zur totalen Verblödung gehirngewaschene Untertan – ist eine Katastrophe für privat geführte Unternehmen. Wer sich mit Ausbildnern in Lehrbetrieben oder Personalentwicklern unterhält, erhält eine eindrucksvolle Bestätigung für den selbst in wohlwollenden Studien zum Ausdruck kommenden Befund: Niemals war der Berufsnachwuchs weniger zu gebrauchen als heute. Zehn Prozent von 100 im Kopf auszurechnen ist für Pflichtschulabsolventen mittlerweile zur nahezu unlösbaren Aufgabe geworden. Ein Viertel von ihnen ist zu sinnerfassendem Lesen nicht fähig. Die massenweise Immigration illiterater Orientalen und Afrikaner wird das Schulniveau noch weiter in den Keller treiben (Thilo Sarrazin: „Wir werden auf natürlichem Wege durchschnittlich dümmer.")

Die politische Entscheidung ist jedenfalls gegen eine Differenzierung des Schulsystems gefallen: Einfalt statt Vielfalt, so die Devise. Die Gleichmacherei des staatlichen Zwangsschulsystems ist aber nur auf niedrigstem Niveau möglich. Selbst stramm linke Gesellschaftsklempner kommen um die Tatsache nicht herum, dass aus einem dummen Schüler – selbst bei Einsatz maximaler Mittel – kein Nobelpreisträger oder kreativer Unternehmer werden wird. Deshalb verlegt sich das sozialistische Einheitsschulsystem darauf, wenigstens die Gescheiten daran zu hindern, sich allzu weit über das Niveau der Blöden zu erheben. Den meist aus „bildungsfernen Schichten" stammenden Dumpfbacken unter den Schülern bleibt damit wenigstens das frustrierende Erkennen der eigenen geistigen Mängel erspart. Ein beachtlicher Erfolg, immerhin.

Allerdings – und das ist eine Einsicht, die sich Bewohnern geschützter Werkstätten gewöhnlich niemals eröffnet: Betriebe, die keinen brauchbaren Nachwuchs finden können, verlieren an Wettbewerbsfähigkeit, gehen zugrunde oder wandern ab. Das – fatalerweise erfolgreiche – Bestreben der Politelite, die Bürger systematisch zu infantilisieren und zu verblöden, zerstört daher die Basis des Wohlfahrtsstaates, die in einer florierenden, Werte schaffenden Unternehmenslandschaft besteht.

Erst wenn auch den Dümmsten einleuchten wird, dass eine infantilisierte Gesellschaft, die mehrheitlich aus Fahrradbeauftragten, Gleichbehandlungsblockwarten, Genderforschern, Umverteilungsbürokraten und Transferzahlungsbeziehern besteht, aus der sich alle unternehmerischen Geister und produktiven Kräfte längst verabschiedet haben, in einer globalisierten Welt nicht überlebensfähig ist, wird, fünf nach zwölf, – vielleicht – der Ruf nach einer Wende erschallen. Es steht allerdings zu fürchten, dass die Umkehr ein Generationenprojekt sein wird. Mit einer raschen Besserung ist deshalb nicht zu rechnen, weil eine zerstörte Moral nicht in kurzer Zeit geheilt werden kann.

Zusammenfassung

- Die Bürger moderner Wohlfahrtsstaaten zeigen eine unübersehbare Tendenz zur kollektiven Infantilisierung, die an zahllosen Symptomen erkennbar ist und im Verlust des Willens und der

Fähigkeit zu rationalem, selbstbestimmten Denken und Handeln ihren Ausdruck findet.

- Gute Eltern erziehen ihre Kinder dazu, auf eigenen Beinen stehen und das Leben – über das ihrer Erzeuger hinaus – eigenverantwortlich meistern zu können.

- Die Eltern werden allerdings von einem zunehmend totalitärer agierenden Staat immer gründlicher an der Erziehung ihrer Sprösslinge gehindert, indem das Zwangsschulsystem ständig weiter ausgedehnt wird und mittlerweile selbst vor den Kleinsten nicht mehr Halt macht (Kindergartenpflicht). Die gesellschaftszerstörende Wühlarbeit des Wohlfahrtsstaates setzt also bereits bei kleinen Kindern an.

- Der zeitgenössische, demokratische Wohlfahrtsstaat schwingt sich außerdem – ohne dafür legitimiert zu sein – zum gestrengen Vormund und Erzieher erwachsener Menschen auf. Indem er rücksichtslos in deren private Angelegenheiten eindringt, bringt er es dahin, sie in lebenslanger Unmündigkeit zu halten, von sich abhängig und damit willfährig und gefügig zu machen.

- Die Spitzen der zeitgenössischen Ochlokratie ziehen Einkommen, Prestige und Macht aus dem Umstand, dass sie den Insassen des von ihnen geführten Wohlfahrtsstaates die Fähigkeit, für ihre eignen Angelegenheit selbst zu sorgen, planmäßig abtrainieren.

- Die infantilisierten Bürger erwarten daher – trotz ihrer der Politikerkaste entgegengebrachten Verachtung –, dass diese alle auftretenden Probleme für sie löst.

- Die in gewissen Abständen in der verträumten Anonymität demokratischer Bedürfnisanstalten (Wahlzellen) stattfindenden Rituale dienen der Kür der Crème de la Crème einer von den beherrschten Untertanen völlig losgelöst agierenden Funktionärskaste, die zutiefst davon überzeugt ist, besser als die Betroffenen selbst zu wissen, was denen guttut. F. A. Hayek prägte für dieses übergriffige Verhalten den Begriff „Anmaßung von Wissen".

- Der unbändige Wille zur Vergrößerung ihrer Macht veranlasst die Nomenklatura zur ständigen Ausweitung ihrer Zuständigkeiten, während die des selbstbestimmten Denkens und Handelns entwöhnten Zöglinge des Wohlfahrtsstaates durch das laufend „verbesserte" Angebot von Brot und Spielen vollständig korrumpiert und/oder zur Einsicht in die daraus resultierenden Konsequenzen letztlich unfähig werden.

- Eine Renaissance der größten Errungenschaft der Aufklärung – der Wille zum Einsatz der Vernunft anstelle blinden Glaubens – ist auf dem Boden der bestehenden politischen Ordnung unwahrscheinlich, wenn nicht gar ausgeschlossen. Zu übermächtig ist die Tyrannei des Status quo (Milton Friedman). Ohne Zutun der Herrschenden geht eben – nach dem staatshörigen Glauben der Wählermehrheit – gar nichts mehr.

- Der Wohlfahrtsstaat steuert – infolge seiner Überschuldung, unfinanzierbarer Pensionsversprechungen, der Korrumpierung großer Teile seiner Bürgerschaft, der gnadenlosen Pönalisierung von Fleiß und Initiative, sowie der großzügigen Belohnung von Dummheit und Müßiggang, auf den Zusammenbruch zu. Es ist also keine Frage ob, sondern lediglich wann der finale Kollaps eintreten wird.

- Der Untergang des Wohlfahrtsstaates ist eine notwendige, wenn auch nicht hinreichende Voraussetzung für eine Abkehr vom kollektiven Infantilismus der Gesellschaft und für die Rückkehr zu erwachsenem Denken und Handeln.

- Der Weg dorthin wird steinig und steil sein.

Werner Reichel

Ich mach' mir die Welt, wie sie mir gefällt

2 x 3 macht 4
Widdewiddewitt und Drei macht Neune!!
Ich mach' mir die Welt
Widdewidde wie sie mir gefällt

3 x 3 macht 6 – widdewidde
Wer will's von mir lernen?
Alle groß und klein
trallalala lad' ich zu mir ein[50]

Kurz nach Ende des Zweiten Weltkriegs, am 26. November 1945, erscheint in Schweden das Kinderbuch „Pippi Långstrump". Die Pippi-Bücher von Astrid Lindgren werden ein riesiger Erfolg, sind längst Kinderbuchklassiker. Weit über 66 Millionen[51] Mal haben sich die Abenteuer des rothaarigen Mädchens bisher verkauft. Es gibt unzählige Filme, TV-Serien und Bühnenadaptionen.

Genau 70 Jahre nach der Erstveröffentlichung von Pippi Langstrumpf, am 26. November 2015, muss die grüne Vize-Regierungschefin Åsa Romson vor den Fernsehkameras das Scheitern des

[50] *Strophen aus „Hej, Pippi Langstrumpf" – Text: Astrid Lindgren*

[51] *http://www.badische-zeitung.de/literatur-und-vortraege/astrid-lindgren-tochter-karin-nyman-zu-70-jahren-pippi-langstrumpf--111173784.html*

Multikulti-Experimentes in Schweden eingestehen. Ihr kommen die Tränen. Gemeinsam mit dem sozialistischen Premierminister Stefan Löfven verkündet sie die Verschärfung des Asylrechts. Noch im Sommer hatte die Grünen-Politikerin die Migrationswelle über das Mittelmeer und die Reaktion Europas darauf mit Auschwitz verglichen. Wenige Wochen später steht sie vor den Trümmern ihrer Politik. Kurz danach wird zudem bekannt, dass die schwedischen Grünen von Islamisten unterwandert sind.[52] Das wahnwitzige Gesellschaftsexperiment der Schweden mit über zehn Millionen menschlicher Versuchskaninchen ist spektakulär gescheitert.

Der wirtschaftlich prosperierende, friedliche und etwas langweilige skandinavische Wohlfahrtsstaat hat sich innerhalb weniger Jahrzehnte in einen bunten Multikulti-Alptraum verwandelt. „Schweden ist für Frauen das gefährlichste Land außerhalb Afrikas geworden, mit einer Vergewaltigungshäufigkeit, die zehnmal höher liegt als bei seinen europäischen Nachbarn"[53], schreibt die Asian Times. Schweden hat tatsächlich eine der höchsten Vergewaltigungsraten weltweit[54], sich immer weiter ausbreitende No-Go-Areas für Einheimische, und das Bildungsniveau[55] bei Schulabgängern nähert sich rasant dem eines afrikanischen Dritte-Weltstaates an[56]. Schweden, das weit mehr Einwanderer aus Afrika und Asien aufgenommen hat als alle anderen EU-Staaten – alleine im Jahr 2015 waren es über 160.000 Asylwerber –, entwickelt sich immer mehr zu einem Ent-

[52] *http://diepresse.com/home/politik/aussenpolitik/4981436/Schweden_Skandal-um-grune-Islamisten*

[53] *https://www.bayernkurier.de/ausland/11489-das-ende-der-willkommenskultur*

[54] *https://www.bayernkurier.de/ausland/9476-afrikas-vergewaltiger-im-hohen-norden*

[55] *http://www.welt.de/politik/ausland/article153276350/Schweden-erklaert-sinkendes-Schulniveau-mit-Zuwanderung.html*

[56] *Siehe http://ef-magazin.de/2016/03/22/8634-schweden-die-multikulti-hoelle*

wicklungsland. In dem einst emanzipierten, toleranten Staat können sich junge Frauen nur noch zeitlich und räumlich eingeschränkt bewegen, wenn sie nicht belästigt oder vergewaltigt werden wollen. Der schwedische Polizeichef in einem Interview mit dem deutschen Nachrichtenmagazin „Der Spiegel" über die von der Polizei und den Medien vertuschten sexuellen Übergriffe in Stockholm: „Wir hätten mit den Übergriffen offensiver umgehen müssen – vor allem gegenüber den Eltern. Sie hätten dann eine bessere Entscheidung treffen können, ob sie ihre Töchter auch in Zukunft zu den Konzerten gehen lassen."[57] Schöne neue Multikulti-Welt.

„Das haben wir noch nie probiert, also geht es sicher gut."
Pippi Langstrumpf

Und was hat das alles mit Pippi Langstrumpf zu tun, außer, dass der schwedische Polizeichef offenbar in etwa so kompetent ist, wie die Dorfpolizisten in den Pippi-Büchern? Sehr viel. Es ist kein Zufall, dass in Schweden, wo seit Jahrzehnten Multikulturalismus und andere neosozialistischen Auswüchse wie Genderismus oder Klimawahn, Staatsdoktrin sind, auch die meisten Fans dieser „unkonventionellen" und „anarchistischen" Kinderbuchfigur leben. Pippi ist eine Nationalheldin. Ihr Lebensstil und ihre politische Haltung gelten als vorbildlich, sie ist eine positive Identifikationsfigur für viele Menschen. Immer noch. Besonders beliebt sind die Pippi-Bücher – und auch das ist kein Zufall – in Deutschland[58], wo die infanti-

[57] *http://www.spiegel.de/politik/ausland/fluechtlinge-in-schweden-egal-ob-die-taeter-afghanen-waren-oder-nicht-a-1090335.html*

[58] *Auf die Frage, in welchem Land es nach Schweden die meisten Pippi-Fans gibt, antwortet die Tochter von Astrid Lindgren, Karin Nyman, in einem Zeitungs-Interview: „Ohne Zweifel in Deutschland." Quelle: http://www.badische-zeitung.de/literatur-und-vortraege/astrid-lindgren-tochter-karin-nyman-zu-70-jahren-pippi-langstrumpf--111173784.html*

le „Wir-schaffen-das"-Politik von Bundeskanzlerin Angela Merkel das Land und einen ganzen Kontinent an den Rand des Abgrunds geführt hat und wo die Staatsführung bockig wie ein Kind alle Einwände, Kritiken und Fakten ignoriert, Warnungen aus aller Welt in den Wind schlägt, andere Länder, wie etwa Polen, sogar noch besserwisserisch belehrt, und weitermacht wie bisher.

Pippi Langstumpf ist weit mehr als ein Kinderbuchklassiker, Pippi Langstrumpf ist ein politisches Buch, eines, das mehr zur Transformation der europäischen Gesellschaften beigetragen hat als ganze Regalmeter verstaubter Werke und Texte linker Ideologen, Denker, Dichter und Kulturrevolutionäre. Das liegt aber nicht so sehr an Autorin Astrid Lindgren, sondern vielmehr an jenen Menschen, die aus diesen Kinderbüchern, aus einer schrill-bunten kindlichen Phantasiewelt eine Weltanschauung, eine Philosophie und Lebensanleitung ableiten bzw. die sich durch diese Bücher in ihrem hedonistisch-infantilen Lebensstil bestätigt fühlen.

Pippi Langstumpf als Vorbild, Barbie ein Feindbild.

Pippi Langstrumpf bringt den Menschen die neosozialistische Ideologie auf eine sehr bildliche, einfache und verständliche Art näher: Neosozialismus for Dummies. Welche moderne Feministin, welcher Che Guevara-T-Shirt tragende Student, welcher Grünwähler, welcher versiffte Bahnhofs-Punk oder welche alternative Pädagogin hat die Werke von Marx, Engels, Lenin, Horkheimer oder Adorno gelesen bzw. verstanden? Eben. Pippi kennt jeder, Pippi versteht jeder und die darin enthaltene infantile Heilsbotschaft ist vor allem für Menschen, die in einem europäischen Wohlfahrtsstaat sozialisiert worden sind und den Schritt zu einem freien, selbstbestimmten und verantwortungsvollen Erwachsenen nie geschafft haben bzw. auch gar nicht schaffen wollen, besonders verlockend:

2 x 3 macht 4
Widdewiddewitt und Drei macht Neune!!
Ich mach' mir die Welt
Widdewidde wie sie mir gefällt ....

Europa ist eine große Villa Kunterbunt, mit vielen Millionen von Pippi Langstrumpfs, die dank eines mächtigen Sozialstaates und weit verbreiteter Kinderlosigkeit sorg-, wehr-, verantwortungs- und zukunftslos leben können oder besser müssen. Befreit von solchen vermeintlichen Zwängen kann der moderne Europäer seine Zeit und Energie ganz der Ernährung, dem Körperkult, der Mode, dem Beschützen des Klimas, dem Kampf gegen imaginäre politische Feinde oder dem Konsum widmen.

Bürgerliche Werte und Normen, familiäre Bindungen, Traditionen, Geschlechter'rollen' und all den anderen „Ballast", der die Optimierung des Menschen und der Gesellschaft nach den Vorstellungen der 68er und ihrer politisch-korrekten Epigonen behindert, hat man erfolgreich entsorgt.

Der Hipster, eine Zwischenstation auf dem Weg zum „besseren" Menschen

Ich mach mir die Welt, wie sie mir gefällt! Das ist das Credo der linken Sozialingenieure. Und seit der Französischen Revolution scheitern sie damit immer und immer wieder, ziehen eine breite Blutspur durch die Geschichte der Menschheit. Nach jedem vorprogrammierten Scheitern, nach jedem Massenmord, nach jedem unvermeidlichen Kollaps einer sozialistischen Gesellschaft, wie zuletzt in Venezuela, wird nicht die Utopie, werden nicht die hehren Ziele in Frage gestellt, sondern nur deren Umsetzung. Immer waren und sind äußere Feinde und ungünstige Umstände Ursache des Scheiterns. Linke Träume verwandeln sich immer in Alpträume, linke Ideale und Ziele von Gleichheit, Gerechtigkeit oder Brüderlichkeit sind stets in ihr Gegenteil umgeschlagen. Im neuen Jahrtausend ist die linke Ideologie nach ihren unzähligen Fehlschlägen und Niederlagen auf ein infantiles Niveau abgesunken. Von diesem Niedergang sind alle Ebenen linker Politik und Metapolitik betroffen. Abgedroschene Phrasen, Appelle, Belehrungen, Steh- und Glaubenssätze bestimmen die Debatten und Auseinandersetzungen. Den Gegner versucht man nicht mehr mit Argumenten zu überzeugen, sondern persönlich zu diffamieren und mit der Faschismuskeule zu erschlagen. Das liegt vor allem an der intellektuellen Ausdünnung der Linken. Das letzte Aufgebot der Neosozialisten besteht aus schrillen Feminismus-Tanten, faschistischen Antifaschisten, dekadenten Lifestyleclowns, eitlen und dauerempörten Politikern, essgestörten Öko-Freaks etc. Es ist ein seltsames Panoptikum.

Ein schönes Beispiel, wie erschöpft das Reservoir an linken Denkern mittlerweile ist, ist der „Gemeinwohl-Ökonom" Christian Felber. Der linke „Aktivist" wird in einem österreichischen Schulbuch in eine Reihe mit Hayek, Keynes, Marx und Friedman gestellt. Obwohl Felbers Gemeinwohltheorie nicht einmal ansatzweise die Anforderungen an Wissenschaftlichkeit erfüllt, wird er österreichischen Schülern als großer linker Visionär und Theoretiker verkauft. Es reicht mittlerweile aus, auf der richtigen politischen Seite zu stehen, die richtigen Ziele zu verfolgen, schlüssige Theorien oder plausible Erklärungsmodelle gelten in den ideologisierten Geistes- und Sozialwissenschaften als überbewertet. „Die Genderbewegung hat kein Interesse an Objektivität. Eine objektive Wirklichkeit, die es zu erforschen gilt, existiert für sie nicht."[60] Befreit von den Fesseln der

[60] *Die Psychologin Doris Bischof-Köhler zitiert nach Leisenberg 2014*

Wissenschaft und der Logik, von den Fesseln der Natur, losgelöst von der Realität, ist im neosozialistischen Kinderzimmer alles möglich. „Linkes Denken ist Denken von der Utopie her! Linkes Denken fragt nicht nach den Voraussetzungen von Gesellschaft schlechthin; nach den Voraussetzungen, die gegeben sein müssen, damit so etwas wie eine zivilisierte Gesellschaft möglich ist. (...) Dies ist umso erstaunlicher, als die Menschheitsgeschichte überreich an Beispielen für den Zusammenbruch von Zivilisationen ist."[61]

Die Linken wollen den Menschen verändern, ihn nach ihren Vorstellungen „verbessern". Ein sehr anschauliches Beispiel dafür ist der Genderismus. Die neosozialistische Gendertheorie besagt, dass die beiden Geschlechter, Mann und Frau, nur soziale Konstruktionen sind. Radikale Konstruktivisten gehen davon aus, dass unsere Realität durchwegs konstruiert ist, dementsprechend kann man sie dekonstruieren und mehr oder weniger nach Belieben umgestalten, man kann die Welt ganz nach seinen Vorstellungen verbessern. Der Genderismus, eine Mischung aus Marxismus und feministischer Theologie, steht im Widerspruch zu allen Erkenntnissen der modernen Naturwissenschaft. Chromosomen, Geschlechtszellen, Hormone hin oder her, für Genderisten sind männlich und weiblich nur Konstrukte, patriarchale Unterdrückungsinstrumente, weshalb es auch unendlich viele Geschlechter geben kann. Facebook stellt derzeit für seine User rund 60 verschiedene zur Auswahl. Jeder kann sein Geschlecht selbst bestimmen oder nach Lust und Laune ein neues erfinden. Dass die Genderisten dabei Geschlecht mit sexueller Orientierung bzw. sexuellen Vorlieben verwechseln, ist einer der unzähligen Widersprüche der neosozialistischen Ideologie. Die Unmännlichkeit bzw. der Verlust der Männlichkeit – gut verkör-

[61] *Kleine Hartlage, Seite 20*

pert durch das Gender-Role-Model Conchita Wurst – ist eines der auffälligsten Zeichen der infantilisierten postheroischen europäischen Gesellschaft. Damit korrespondierend wird auch das Idealbild des Weiblichen verdammt. Die Genderisten setzen ganz einfach die Naturgesetze außer Kraft[62] und ersetzen sie durch eine infantile, burleske Scheinwelt. Im Gegensatz zu Kindern halten sie ihre imaginierte Welt allerdings für real, ihre Gesellschaftsentwürfe für alternativlos. Es ist nur ein Spiel, ein bunter Kindergeburtstag, wo jeder alles sein kann und darf: „Trans* Mensch", „Inter* weiblich", „Femme", Astronaut, Lokführer, Indianer oder was auch immer. Genderisten benötigen dazu allerdings, genauso wie Kinder, die richtige Umgebung, sie müssen in einem Fall von den Eltern, im anderen Fall von einem starken Sozialstaat, versorgt und betreut werden. All die neosozialistischen Lebensentwürfe und die Infantilisierung weiter Teile der Gesellschaft wären ohne einen gut ausgebauten Nanny-Staat undenkbar. Der Sozialstaat braucht seine unmündigen und von ihm abhängigen Untertanen genauso, wie die Untertanen einen starken Staat brauchen, der sich um ihr Leben kümmert. In Österreich, mit einer Bevölkerung von über acht Millionen, gibt es nur noch 1,9 Millionen Netto-Transferzahler[63]. Das heißt, über sechs Millionen Menschen leben zum Teil oder zur Gänze von staatlichen Transferleistungen. Mama Staat und ihre Kinder. Es ist keine Ironie, dass in Deutschland die Bundeskanzlerin gerne „Mutti" genannt wird.

Auch die europäischen Geistes- und Sozialwissenschaften sind auf ein vormodernes, infantiles Niveau abgesunken. Sie liefern den pseudowissenschaftlichen Unterbau für die absurden neosozialisti-

[62] *Die Naturwissenschaft konstruieren gemäß den Genderisten nur Wissen, das dem gesellschaftlichen System zuarbeitet. Siehe dazu Genderismus(s), Wien 2015*

[63] *Siehe „Reichtum, Armut und Umverteilung in Österreich", Wien 2014*

schen Utopien. In den Universitäten ist wie im Kinderzimmer, wie in der Villa Kunterbunt, alles möglich. Ernsthafte Naturwissenschaftler, die diesen Niedergang kritisieren, werden mit politisch-korrekten Totschlagargumenten à la Sexismus oder Homophobie mundtot gemacht und abserviert. Eine wissenschaftliche Auseinandersetzung, die diese Bezeichnung verdienen würde, findet kaum noch statt und soll es auch nicht.

Schließlich wollen die neosozialistischen Gesellschaftskonstrukteure stets das Beste für sich und ihre Mitmenschen, auch gegen den ausdrücklichen Mehrheitswillen. Für die europäischen Gesellschaften weitreichende Entscheidungen, etwa die im Zusammenhang mit dem Genderismus, der Multikultipolitik oder der Finanz-/Staatsschuldenkrise sind bisher stets ohne die Meinung der Bevölkerungen einzuholen an den demokratischen Institutionen vorbei durchgedrückt worden. Noch in keinem EU-Land wurde über die Einführung der „gendergerechten" Sprache oder die unkontrollierte Masseneinwanderung von Menschen aus dem afrikanischen/islamischen Raum abgestimmt. Aus guten Gründen. Die Instrumente der linken Sozialingenieure sind je nach Grad ihrer Radikalität Indoktrination, Propaganda, Umerziehung, sozialer Druck und Gewalt in all ihren Ausprägungen. Sozialdemokratie ist nur bei der Verfolgung ihrer Ziele die Light-Variante des Kommunismus. Der Versuch, einen neuen, besseren Menschen zu konstruieren bedingt die Anwendung von Gewalt, es fließt immer Blut. Auch die Transformation Europas in einen bunten multikulturellen Staatenbund hat schon viel Leid und Blut gekostet, und das war erst der Anfang. Wir machen uns die Welt, wie sie uns gefällt: Uns gefällt! Wem sie nicht gefällt, der muss mit Repressionen rechnen. Das ist auch in den Pippi-Büchern nicht anders. Pippi führt die Dorfpolizisten, die Lehrerin und alle anderen „braven" Bürger und Vertreter des Staates gerne vor, gibt sie der Lächerlichkeit preis.

In der infantilen Welt der Pippi Langstrumpf finden sich viele neosozialistischen Denkmuster, Ideale und Utopien. Wobei die Frage unerheblich ist, ob das von der Autorin intendiert war oder nicht. In einem Interview sagte Astrid Lindgren: „Ich habe mir nicht das Geringste dabei gedacht. Weder bei Pippi noch bei irgendeinem anderen Buch. Ich schreibe, um das Kind in mir selbst zu unterhalten und kann dabei nur hoffen, dass auch andere Kinder daran ein wenig Spaß haben."[64] Astrid Lindgren hat die Wirkung ihrer Bücher offenbar unterschätzt. Für die feministische Bewegung, die Autonomen, die Linksextremisten, die antiautoritären Pädagogen oder die Antipädagogen, sprich für die Basis, die ideologischen Vor- und Straßenkämpfer der Neosozialisten ist Pippi eine wichtige Identifikationsfigur, ihr Lebensstil und ihre „Philosophie" dienen als Inspiration und Vorbild.

Pippi auf dem Cover einer feministischen Zeitschrift[65].

[64] *http://astrid-lindgren.de/pippi/om_pippi.htm*
[65] *An.schläge, das feministische Monatsmagazin Nov. 2012*

Aus den Büchern, die Kindern ein wenig Spaß machen sollen, wurden Kultbücher für die europäischen Neosozialisten, die vom „Aufschneiden und Zerschneiden aller Beschränkungen und Grenzen"[66] träumen. In einem Kinderbuch, in der infantilen Vorstellungswelt funktionieren solche Utopien, Weltanschauungen und Denkmuster, haben das Hinwegsetzen über gesellschaftliche Normen, das Verwerfen kulturellen Wissens, das Ignorieren evolutionärer Mechanismen, wie überhaupt die Ablehnung der Erkenntnisse der Naturwissenschaften und einfachster ökonomischer Gesetzmäßigkeiten, die Umkehrung vieler gesellschaftlichen Werte und Normen nicht die historisch belegten negativen Folgen.

Pippi als Logo für die AVV, die Autonome Vollversammlung

In Kinderbüchern funktionieren diese infantilen Denkmuster und Ideen besonders gut. In der kindlichen Sphäre, wo es keine Widersprüche, keine Logik, keine ökonomischen Sachzwänge gibt, wo alles möglich ist, kann sich der Neosozialismus mit all seinen ab-

[66] *Schreibt die Kinderbuchautorin Lisa Tetzner über Pippi Langstrumpf. Quelle: http://www.astrid-lindgren-schule.lernnetz.de/urteile.htm*

surden Auswüchsen, Widersprüchlichkeiten und Denkfehlern besonders gut entfalten. Problematisch wird es, wenn solche ideologischen Phantastereien den Weg in die Politik und die Gesellschaft finden. Daran ändern auch keine aufgeblasenen Theoriegebäude, kein sinnentleertes Geschwurbel, keine pseudowissenschaftlichen Phrasen und keine unnötig komplexe Fachsprache etwas. Neosozialistische Ideologie funktioniert nur in der Literatur, auf Bühnen, in Universitäten und Kaffeehäusern, ist außerhalb dieser geschützten Bereiche völlig praxisuntauglich. „Ich will niemals groß werden", sagt Tommy, der Freund von Pippi Langstrumpf. „Nee, darum muss man sich wirklich nicht reißen", antwortet Pippi. Die kindliche Phantasiewelt, in der kleine Mädchen Pferde stemmen oder Polizisten vermöbeln, entspricht ganz der infantilen gesellschaftspolitischen Utopie der Neosozialisten. Diese kunterbunte Welt finden vor allem gut behütete und bestens versorgte Kinder attraktiv. Infantilität muss man sich leisten können. Dazu braucht es Nanny-Staaten, die die Lebensweise solcher Menschen fördert und finanziert. Deshalb gibt es diesen ausgeprägten Infantilismus auch nur in Europa.

Auch Pippi ist gut versorgt, obwohl sie ohne Eltern lebt, die Mutter ist tot, der Vater ein Pirat auf einer Südseeinsel. Pippi hat von ihrem Piratenvater, also von einem Kriminellen, einen Koffer voller Gold bekommen, sprich, von anderen Menschen geraubtes Vermögen. Pippi lebt, so wie die meisten Neosozialisten, vom Geld und der Arbeit anderer Menschen, von dem sie, um ihren unproduktiven und asozialen Lebensstil legitimeren zu können, ein Teil an Günstlinge verteilt. Pippi verschenkt etwa kiloweise Süßigkeiten oder Spielzeug an die Dorfkinder. Ein Lebensstil, der in Europa mittlerweile weit verbreitet ist und die Sozialstaaten an ihre Grenzen gebracht hat.

T-Shirt Aufdruck[67]

Derzeit wird sogar quer durch die EU über das bedingungslose Grundeinkommen diskutiert. Dazu braucht man allerdings sehr viele Piraten und sehr viele ausgeraubte Schiffe, um die Millionen von Pippis erhalten zu können. Egal, wir machen uns die Welt…. Viele Europäer wollen nicht mehr erwachsen werden, wollen ein Leben ohne jede Verantwortung. Der Nanny-Staat mit seinen vielen Goldkoffern kommt ohnehin für alles auf. Wo die Menschen am meisten vom Staat erwarten und auch bekommen, ist die Liebe zum unkonventionellen, anarchistischen und asozialen Lebensstil Pippis besonders groß:

[66] *Pippi Langstrumpf T-Shirt vom Onlinehändler neckermann.at*

Stencil (Schablonen-Graffiti)

Der Traum, niemals erwachsen werden zu müssen, sich in der von andern gebauten und finanzierten Villa Kunterbunt ohne existenzielle Sorgen verwirklichen zu können, ist für viele Europäer ein erstrebenswertes Ziel. Und auch für Millionen von Afrikanern und Asiaten höchst attraktiv. Weshalb sich viele von ihnen auf den Weg nach Europa aufgemacht haben. Doch der Preis dafür ist hoch, sehr hoch: der Niedergang des freien, aufgeklärten, fortschrittlichen und wohlhabenden Europa. Denn nicht nur ein mehr oder weniger großer Teil der Bevölkerung lebt und handelt nach der Pippi-Philosophie, sondern auch die Eliten.

Europas derzeitige Politik ist emotional, irrational, ahistorisch, kurzsichtig, realitätsverweigernd und verantwortungslos. Weitreichende Entscheidungen werden intuitiv getroffen, ohne die Risiken und Folgen abzuwägen, wie etwa in der Flüchtlings- und Außenpolitik. In politischen Debatten und Auseinandersetzungen zählen nicht mehr Fakten, Daten und Statistiken, entscheidend sind Gefühlslagen, Stimmungen und eine völlig pervertierte Moral. Oberstes Ziel für infantile Gutmenschen ist das Gutsein, ohne Rücksicht auf Logik, Ökonomie, Demographie, Sicherheit etc. Nicht mehr richtig oder falsch, sondern moralisch oder unmoralisch sind die entscheidenden Kriterien. Die trotzige „Wir-schaffen-das"-Politik von Angela Merkel ist Folge der Infantilisierung der Politik. Aber im echten Leben können kleine Mädchen keine Pferde stemmen und Kanzlerinnen auch keine Völkerwanderungen. Der Versuch, globale Probleme im eigenen Haus oder besser Kinderzimmer zu lösen, ist infantil und ohne das Eingreifen von Erwachsenen, sprich rational agierenden politischen Kräften, suizidal.

Merkel hat nicht gefragt, ob die Bevölkerung diese Herausforderungen bewältigen will, warum man das schaffen sollte und ob das ohne die Preisgabe der Errungenschaften der Aufklärung und einem Ende des sozialen Friedens überhaupt zu schaffen ist. All diese Fragen sind nicht einmal gestellt worden. Es gibt auch für ein einzelnes Land auch keinerlei moralische oder sonstige Verpflichtungen, das Leid von Pakistan bis Nigeria bekämpfen zu müssen, vor allem nicht mit völlig untauglichen Mitteln wie etwa der Masseneinwanderung. Die Entscheidung Deutschlands und Brüssels, seine Grenzen für Millionen von Menschen aus vormodernen Kulturen zu öffnen, wurde aus dem Bauch heraus und im Einklang mit dem politisch-korrekten Weltbild getroffen.

Bei der Multikulti-Propaganda setzen die politischen Helfershelfer in den Medien deshalb folgerichtig auf die Gefühlsebene, sie versuchen die Bevölkerung mit inszenierten Bildern von zerlumpten Kindern und Frauen moralisch zu erpressen. Höhepunkt war das in den europäischen Medien prominent platzierte Foto von der Leiche eines kleinen Jungen, angespült an einem türkischen Strand. Es ging nur noch um Emotion. Schließlich sind diejenigen, die den Migrantenstrom mit ihrer Willkommenspolitik in Gang gesetzt haben, hauptverantwortlich für den Tod vieler Flüchtlinge im Mittelmeer. Doch diese Debatte wurde nie geführt, man hat stets nur auf infantilem, gefühlsduseligem Niveau debattiert und argumentiert. Die Welt mit viel Gefühl und wenig Verstand retten zu wollen kann nur in einer Katastrophe münden. In Afrika wird sich die Bevölkerung in den kommenden Jahren auf zwei Milliarden verdoppeln[68], der Migrationsdruck enorm ansteigen. Wer auf solche dramatischen Entwicklungen mit infantiler „Wir-schaffen-das“ und „Welcome-Refugees“-Politik reagiert, hat die Dimension des Problems nicht einmal ansatzweise erkannt, der kann die Konsequenzen seines Handelns offenbar überhaupt nicht einschätzen. Dass ausgerechnet diese Menschen ihren politischen Gegnern gerne vorwerfen, auf komplexe Entwicklungen stets simple Antworten zu haben, ist dabei lediglich ein skurriler Nebenaspekt.

Die Versuche, die Bürger mit nachvollziehbaren Argumenten für die unkontrollierte Masseneinwanderung von Analphabeten und minderqualifizierten Menschen zu überzeugen, waren auch nur von äußerst kurzer Dauer. Dass diese Menschen die europäische Wirtschaft ankurbeln bzw. die Renten der alternden autochthonen Bevölkerung zahlen werden, war so weit weg von der Realität, so absurd, dass selbst die in diesen Dingen hart gesottenen Grünen sie nicht mehr in die Diskussion einbringen. Weil es für die Masseneinwanderung von unqualifizierten Menschen keine rationalen und vernünftigen Argumente gibt, hat die politische Elite die Debatte zu einer Frage der Moral und des Glaubens gemacht. Auf dieser Ebene

[68] *http://www.welt.de/politik/ausland/article131157709/2050-muss-Afrika-zwei-Milliarden-ernaehren.html*

verpuffen alle Sachargumente. Der Zustrom von Menschen, die unsere westlichen Werte nicht teilen, sie oft sogar zutiefst ablehnen, die nicht in den europäischen Arbeitsmarkt integrierbar sind, die ihre vormodernen Traditionen, Wertvorstellungen und ihre Konflikte mit nach Europa bringen, sind mangels echter mess- und nachvollziehbarer Vorteile für die europäischen Staaten eben einfach eine „Bereicherung", machen unser Leben „bunter". Was immer das auch heißen mag, was immer das der autochthonen Bevölkerung für Vorteile bringen soll.

Die enormen Risiken und Herausforderungen, die eine solche Völkerwanderung für die europäischen Gesellschaften und Nationalstaaten mit sich bringt, dürfen gar nicht angesprochen, ja nicht einmal angedacht werden. Das könnte die Kleinen verunsichern. Wer es trotzdem wagt, wird mit der Nazikeule ins soziale Abseits geprügelt.

„Diese Menschen mit ihrer vielfältigen Kultur, ihrer Herzlichkeit und ihrer Lebensfreude sind uns willkommen, sie sind eine Bereicherung für uns alle."

Maria Böhmer – ehemalige Beauftragte der deutschen Bundesregierung für Migration, Flüchtlinge und Integration

Mit solchen Phrasen, mit solch infantilem Geschwätz versucht man die weitgehend unkontrollierte Masseneinwanderung nach Europa zu rechtfertigen. Die Pippi Langstrumpfs haben in Europa die Macht übernommen. Tommy und Annika bekommen es ob dieser Entwicklung zunehmend mit der Angst zu tun. Wir werden von infantilen Politikern regiert. Daran lassen Zitate wie dieses keinen Zweifel: „Wir brauchen vor allen Dingen Migrantinnen und Migranten, die sich in unserem Sozialsystem wohl und zuhause fühlen."[69] Diese Aussage stammt von Katrin Göring-Eckardt, sie ist die Vorsitzende der grünen Bundestagsfraktion. Hier endet jede vernünftige Diskussion. Was kann man dagegen noch ins Treffen führen? So einen ähnlichen Satz hätte auch Pippi Langstumpf sagen können. Der feine Unterschied: Katrin Göring-Eckardt ist real, sie gehört zum politischen Establishment in Deutschland.

Auch eine andere Grüne, deren ehemalige Chefin und jetzige Vizepräsidentin des Deutschen Bundestages, Claudia Roth, ist geradezu der Prototyp eines infantilen Politikers. Sie reagiert auf politische Entscheidungen, Wahlergebnisse oder Kritik wahlweise besorgt, betroffen, erschüttert, traurig, enttäuscht, trotzig, ihr politisches Handwerkszeug ist äußerst bescheiden und erschöpft sich neben ihrer Dauerempörung vor allem darin, von ihren Mitmenschen etwas einzufordern, bevorzugt Geld. So wie Pippi braucht sie zum Leben und für ihre Politik einen großen Goldkoffer, der mit dem Geld andere Leute gefüllt ist.

Wenn Pippi Langstrumpf erwachsen wäre, dann würde sie wohl Claudia Roth ähneln. Die FAZ bezeichnet sie als die „Mutter aller Nervensägen".[70] Menschen vom Typ einer Roth können keine ernsthaften politischen Auseinandersetzungen führen, dazu sind sie nicht in der Lage.

[69] *https://www.youtube.com/watch?v=1iMrFW55yfQ*

[70] *http://www.welt.de/politik/deutschland/article140933111/Ich-will-ich-sein-Claudia-Roth-wird-60-Jahre.html*

"The problem isn't that Johnny can't read. The problem isn't even that Johnny can't think. The problem is that Johnny doesn't know what thinking is; he confuses it with feeling."

Thomas Sowell – amerikanischer Ökonom und Philosoph

Wie konnte es dazu kommen, wie konnten Menschen wie Claudia Roth oder Angela Merkel in solche Positionen gelangen? Wie konnte Europas Politik auf ein solches Niveau absinken? Diese Entwicklung war nur in einer historischen Ausnahmesituation, der Nachkriegszeit möglich. Europa lag im Spannungsfeld des Kalten Krieges. Die Weltmacht USA stellte Westeuropa unter seinen Schutz. Der Alte Kontinent, gut behütet von den Amerikanern, war nicht mehr für seine eigene Sicherheit verantwortlich. Beschützt vor den äußeren Feinden, ethnisch, kulturell und religiös weitgehend homogen, lebte man in Frieden und Wohlstand. Diese einmalige historische Situation war der ideale Nährboden für die 68iger-Ideologie mit ihren infantilen Utopien.

In dieser Ära entstanden auf dem linken ideologischen Misthaufen die verschiedensten Irrlehren, die die europäischen Staaten, ihre Politik, Gesetze und Gesellschaften massiv beeinflusst haben. Man denke an den Radikalfeminismus, den Genderismus, den Multikulturalismus, die politische Korrektheit, den Klimawahn, die grüne Technik- und Fortschrittsfeindlichkeit, den völlig pervertierten „Anti"-Faschismus, die selbstzerstörerische Umverteilungspolitik oder das ahistorische Diversitätsgefasel. Manches davon sind genuin europäische Entwicklungen, andere wurden von den USA übernommen und weitergetrieben.

All diese abstrusen Ideen haben lange Zeit keinen erkennbaren größeren Schaden angerichtet. Sie haben deshalb mehr oder weniger funktioniert, weil die europäische Linke, so wie gut behütete Kinder, sich um nichts zu sorgen brauchte. Europa, eine geschützte Werkstätte, in der die Insassen nach Lust und Laune allerlei ideologischen und gesellschaftspolitischen Schrott produzieren konnten, ohne dass das kurzfristig negative Folgen für die Gesellschaften oder die Wirtschaft gehabt hätte. Der militärische Schutzmantel der USA, die boomende Wirtschaft und der postkoloniale und postfaschistische europäische Schuldkult machten es möglich.

Befreit von solchen Lasten, konnten die Europäer wie pubertierende Kinder gegen ihre Beschützer und Versorger und die gesellschaftlichen „Zwänge“ rebellieren. Kinder loten immer ihre Grenzen aus, wenn ihnen keine gesetzt werden, endet das in der Regel im Chaos. Heranwachsende machen sich keine Gedanken darüber, wie Papa oder Mama ihr Geld verdienen, es ist einfach da. Auch die Neosozialisten zerbrechen sich vor allem darüber den Kopf, wie man Geld ausgeben und umverteilen kann, aber nicht, wie man selbst Wohlstand und Werte schafft.

Wenn die Eltern, aus welchen Gründen auch immer, nicht mehr verfügbar sind, wenn niemand mehr für Strukturen, Ordnung, Bildung, Sicherheit, Kleidung und Essen sorgt, wenn, die Kinder sich selbst überlassen sind, dann verwandelt sich die bunte Idylle in einen Alptraum. So wie es William Golding im „Herr der Fliegen“ beschrieben, hat, wo die sich selbst überlassen Schüler in archaische Verhaltensmuster zurückfallen. Und den europäischen Linken sind tatsächlich die Eltern abhandengekommen.

Das hat mehrere Gründe. Mit dem Ende des kalten Kriegs haben auch die USA zusehends das Interesse an Europa verloren. Nicht mehr die Alte Welt, sondern der pazifische Raum ist nun in das Zentrum ihres Interesses gerückt. Plötzlich ist Europa für seine Sicherheit wieder selbst verantwortlich. Viele Europäer sind in der Ära des Kalten Krieges zu Pazifisten geworden, dazu gemacht worden. Sie haben nie verstanden, dass sie den Schutz ihres Territoriums nur ausgelagert hatten. Wie Kinder dachte man, dass in der bunten neuen Pippi-Welt keine Armeen mehr notwendig seien. Die 68er und ihre Epigonen forderten lautstark Abrüstung bis hin zur völligen Entmilitarisierung Europas. Sie haben ein gesellschaftliches und politisches Klima geschaffen, in dem es kaum noch möglich war, schlagkräftige Heere zu unterhalten. Die Folgen sind fatal. Nachdem der Kalte Krieg vorbei ist, und sich der islamische Raum in ein Pulverfass verwandelt hat, steht Europa mit seinen maroden und demotivierten Armeen verloren wir ein Kind da. Europa ist weder in der Lage, noch willens, seine Interessen notfalls mit militärischen Mitteln durchzusetzen. Länder wie etwa Russland oder die Türkei haben damit keine Probleme. Ein gefährliches Ungleichgewicht. Selbst Grenzzäune gelten vielen politisch-korrekt indoktrinierten Europäern bereits als Inbegriff des Bösen. Diese geistige Verfasstheit, diese völlige Hilf- und Wehrlosigkeit ist außerhalb Europas, wo sich die Gesellschaften in völlig andere Richtungen entwickelt haben, nicht unbemerkt geblieben. Sie ist einer der Hauptgründe für die Migrantenströme nach Europa. Andere Länder, wie etwa Australien oder Japan, die in dieser Frage eine ganz klare Position haben, haben diese Probleme nicht. Kinder ohne elterlichen Schutz alleine im Haus, in dem es viel zu holen gibt, das kann nicht gutgehen.

Die infantilen linken Revolutionäre haben die Hegemonie in Europa errungen, haben das Kommando in der Villa Kunterbunt übernommen. Doch es ist ein Pyrrhussieg, der Geldkoffer ist beinahe leer, und in der sturmfreien Villa haben sich viele Menschen aus vormodernen Kulturen ohne zu fragen eingenistet. So haben sich Pippi, Tommy und Annika das nicht vorgestellt. Das Grundproblem aller sozialistischen leistungsfeindlichen Systeme hat Margaret Thatcher auf den Punkt gebracht:

„*The problem with socialism is that eventually you run out of other people's money*"

Der Geldkoffer hätte durchaus länger gefüllt bleiben können, doch die moralisch aufgeblähten und von naiver Gutheit durchdrungenen Politiker haben die simple Regel von Milton Friedman ignoriert, wonach man einen Sozialstaat oder offene Grenzen haben könne, beides zusammen geht nicht.

Umdenken können die Neosozialisten trotz ihres offenkundigen Scheiterns nicht. Dazu fehlt es ihnen nicht nur an menschlicher Größe, sondern auch am notwendigen Wissen und am intellektuellen Rüstzeug. Alles Folgen der Infantilisierung der europäischen Gesellschaften. Starrköpfig halten die Pippi-Politiker trotz aller Entwicklungen an ihrem infantilen Weltbild fest und flüchten sich in kindliche Ersatzhandlungen. So glaubt man, mit dem exzessiven Drucken von Geld könne der Wohlstand in Europa gesichert werden. Man hofft, die europäischen Grenzen mit windigen Deals mit orientalischen Despoten sichern zu können. Man denkt ernsthaft, Millionen von jungen muslimischen Männern könnten mit Werteschulungen und Sprachkursen in die europäischen Gesellschaften integriert werden. Man glaubt, der Islam sei mit westlichen Werten vereinbar, obwohl es keinen Staat auf der Welt mit muslimischer Mehrheitsbevölkerung gibt, in dem die Menschenrechte nicht verletzt werden. Man will mit Windrädern eine Energiewende herbeiführen. Und man rechnet ernsthaft, mit all diesen absurden Plänen und Entscheidungen bei der Bevölkerung durchzukommen. Europas Politik, Europas Visionen, Europas Reaktionen auf weltweite Entwicklungen sind infantil: Pippi Langstrumpf-Politik. Vereinzelt erkennen das sogar etwas weitsichtigere Grüne. So meinte Tübingens grüner Oberbürgermeister Boris Palmer in Bezug auf die Flüchtlingskrise: „Es sind nicht die Zeiten für Pippi-Langstrumpf oder Ponyhof-Politik.“[71] Palmer wurde dafür postwendend von seinen Parteikollegen beschimpft und kritisiert.

Dieser in Europa weit verbreitete Infantilismus manifestiert sich in allen gesellschaftlichen Bereichen, in der Kultur, der Politik, der Wissenschaft, den Medien, den Schulen und Universitäten, dem Lifestyle, der Mode, der Sprache, den Umgangsformen.

Gefeiert wird der Infantilismus etwa im Trash-TV oder mit lauten und bunten Straßenparaden. Schrill herausgeputzte Entwachsene präsentieren voller Stolz ihre sexuelle Orientierung und Vorlieben. Exhibitionistische Doktorspiele infantiler Erwachsener. Es sind die Hochämter einer bunten, hedonistischen, infantilen Gesellschaft, die ihren Zenit längst überschritten hat. Man will auffallen, wie Pippi die „Spießer“ provozieren und schockieren. Doch das funktioniert nicht mehr, weil die Provokateure längst gesellschaftlicher Mainstream, also selbst die Spießer sind, die die Regeln des Zusammenlebens bestimmen. In der Stadt, wo die Villa Kunterbunt steht,

[71] *http://www.faz.net/aktuell/wirtschaft/wirtschaftspolitik/tuebingens-ob-boris-palmer-es-sind-nicht-die-zeiten-fuer-pippi-langstrumpf-politik-14068455.html*

leben fast nur noch Pippi Langstrumpfs. Keine schöne Vorstellung. Eine Horrorvision.

Die Bewohner dieser schrillen, lauten, burlesken Welt reagieren, wie alle, die glauben im Besitz der Wahrheit zu sein, aggressiv und unduldsam auf jedwede Kritik. Wer nicht genauso offen, bunt und schrill sein will, wer auch nur die leisteten Bedenken gegen die Pippi-Politik vorbringt, fliegt in hohem Bogen aus der Villa Kunterbunt. In dieser völlig aus dem Ruder gelaufenen infantilen Welt, diesem politisch-korrekten Tollhaus, werden entgegen dem medial verbreiteten Toleranzgedöns, Kritiker der Multikulti-Ideologie oder des Genderismus, deren Warnungen gerade allesamt eintreten, als Nazis, Rassisten und Reaktionäre abgestempelt und marginalisiert. Eine ernsthafte inhaltliche Auseinandersetzung darf nicht mehr stattfinden. Dazu haben die Pippis weder Lust noch Argumente. Auf dieser Ebene können die infantilen Politiker nur verlieren. Deshalb werden massenhafte Übergriffe auf Frauen verharmlost und vertuscht, wird die Herkunft von Gewaltverbrechern verschleiert, werden die Verbrechen von Islamisten umgedeutet und relativiert. Wir machen uns die Welt, wie sie uns gefällt. Blöd nur, wenn die neuen Gäste bei diesem Kinderspiel partout nicht mitmachen wollen.

Die Menschen aus dem islamischen, arabischen bzw. afrikanischen Raum haben dem Treiben lange zugesehen und daraus die richtigen Schlüsse gezogen. Selbst die von Pippi einst so faszinierten Kinder Tommy und Annika haben begriffen, dass hier etwas falsch läuft. Sie haben sich von der aufdringlichen und nervtötenden Pippi abgewandt und sehnen sich wieder nach Strukturen, Werten, Normen, Ordnung und Sicherheit. Das wiederum findet Pippi gar nicht lustig, sie ignoriert deren Wünsche und macht so lange weiter, bis die Villa Kunterbunt in Schutt und Asche liegt.

Verwendete und weiterführende Literatur

Industriellenvereinigung (Hg.): Reichtum, Armut & Umverteilung in Österreich. Wien 2014

Kleine-Hartlage, Manfred: Warum ich kein Linker mehr bin. Schnellroda 2012

Günther, Christian; Reichel Werner (Hg.): Genderismus(s) – Der Masterplan für die geschlechtslose Gesellschaft. Wien 2015

Reichel, Werner (Hg.): Das Phänomen Conchita Wurst – Ein Hype und seine politischen Dimensionen, Charleston 2014

Bilderverzeichnis:

S170 www.facebook.com/bmgf.gv.at
S172 Fotolia
S176 Cover „Anschläge – Das feministische Magazin“ November 2012; www.anschlaege.at
S178 www.bpb.de (Bundeszentrale für politische Bildung)
S180 T-Shirt Aufdruck www.neckermann.at
S181 www.pippistattannika.de

Autoren

Mag. Christian Günther, geb. 1962, studierte Germanistik und Geschichte in Wien, arbeitet mit Unterbrechungen (Engagements in der Privatwirtschaft) seit 25 Jahren als innenpolitischer Berater und Redenschreiber für unterschiedliche Parteien und Politiker in Österreich.

Birgit Kelle, geb. 1975, arbeitet als freie Journalistin und Buchautorin in Deutschland. Sie ist Kolumnistin des Debattenmagazins THE EUROPEAN und streitet in zahlreichen TV-Sendungen, sowie Print- und Onlinemedien für einen neuen Feminismus jenseits von Gender Mainstreaming und Quoten. 2013 erschien als Reaktion auf die Sexismus-Debatte in Deutschland ihr erstes Buch „Dann mach doch die Bluse zu", eine Feminismus-Kritik, 2015 ihr zweites Buch „Gendergaga" (beides Verlag Adeo), eine satirische Abrechnung mit dem grassierenden Gender-Wahnsinn. Kelle ist Vorsitzende des Vereins Frau 2000plus e.V. und Vorstandsmitglied des europäischen Dachverbandes New Women For Europe (NWFE). Sie ist verheiratet und Mutter von vier Kindern.

Dr. Michael Ley, geb. 1955 in Konstanz am Bodensee, ist Soziologe und Politologe sowie Privatdozent und freier Wissenschaftler. Lebt in Wien. Publikationen u.a.: Genozid und Heilserwartung. Zum nationalsozialistischen Mord am europäischen Judentum (1993), Apokalypse und Moderne (1997), „Zum Schutze des deutschen Blutes…“ – „Rassenschandegesetze“ im Nationalsozialismus (1997), Hrsg. mit Julius H. Schoeps: Der Nationalsozialismus als politische Religion (1997), Holocaust als Menschenopfer (2001), Abschied von Kakanien (2001), Kleine Geschichte des Antisemitismus (2003), Hrsg. Politische Religion (2003), Donau-Monarchie und europäische Zivilisation (2004), Hrsg. Von der Romantik zur ästhetischen Religion (2004), Mythos und Moderne (2005), Zivilisationspolitik (2005), gemeinsam mit Klaus Lohrmann: Projekt Europa (2007), gemeinsam mit Gilbert Weiss: Voegelin in Wien (2007), Die Geburt der neuen Europa (2007), Hrsg. Die ästhetische Gnosis der Moderne (2008), Das Öl, der Islam, der Westen (2011), Die kommende Revolte (2012), Der Selbstmord des Abendlandes – Die Islamisierung Europas (2015).

Martin Lichtmesz, Jahrgang 1976, ist freier Publizist und Stammautor der Zeitschriften *Sezession* und *eigentümlich frei*. Buchveröffentlichungen: *Besetztes Gelände* (2010), *Die Verteidigung des Eigenen* (2011), *Kann nur ein Gott uns retten?* (2014), *Ich bin nicht Charlie* (2015) und *Kollateralschäden* (2016, in Vorbereitung). Übersetzungen aus dem Französischen und Englischen, u.a. Jean Raspail: *Das Heerlager der Heiligen* (2015), Renaud Camus: *Revolte gegen den Großen Austausch* (2016) und Jack Donovan: *Der Weg der Männer* (2016).

Henning Lindhoff, Jahrgang 1982, ist stellvertretender Chefredakteur des Monatsmagazins „eigentümlich frei“, Autor zahlreicher Sachbücher und schreibt regelmäßig im „Sachwert Magazin“, in der Wochenzeitung „Junge Freiheit“ und in der „Fuldaer Zeitung“. Seine Gastbeiträge und Kolumnen wurden bislang auch auf dem familienpolitischen Blog der Unternehmensberatung A.T. Kearney, im „Smart Investor“ und auf dem Blog „What‘s left“ der „Frankfurter Allgemeinen Zeitung“ publiziert. Bücher: „Zombies, Hacker und legale Drogen“ (2015), „Kerl-O-Quest“ (2015), „Die Grünen: Eine Interpretationshilfe“ (2015), „Für Kinder Geld anlegen“ (2016), „Die Snowden-Offenbarung“ (2016), „Wohnungseigentum 2016“ (2016).

Eva-Maria Michels, geb. 1976, Studium der Politikwissenschaften, Moderne Chinastudien, Geschichte auf M.A. in Trier und Taipei, Taiwan. Vormals selbstständig in der Marktforschung als Analystin, Moderatorin und Übersetzerin, heute verheiratet, drei Kinder.

Beatrix Pirchner, geb. 1951 in Innsbruck, Studium der Pädagogik und Kunsterziehung, Studien in Bildender Kunst, Jazzgesang und Jazztheorie. Berufliche Auslandsaufhalte: Türkei, Irak, Nordzypern; Universitäre Lektoratstätigkeit in Deutsch als Fremdsprache ebendort, Bildende Künstlerin.

Mag. Werner Reichel, geboren 1966, studierte Ethnologie, Publizistik- und Kommunikationswissenschaft in Wien; seit über 20 Jahren im Rundfunkbereich tätig, unter anderem als Programmchef für verschiedene österreichische Privatradiosender. Schreibt regelmäßig für liberale und konservative Zeitschriften und Blogs (eigentümlich frei, orf-watch.at, ortneronline, andreas-unterberger.at etc.). Bücher: „Privatradio in Österreich" (2006), „Die roten Meinungsmacher" (2012), „Das Phänomen Conchita Wurst" (2014), „Genderismus(s)" (2015).

Ing. Andreas Tögel, geb. 1957, ist gelernter Maschinenbauer, nach langjähriger Tätigkeit im Management internationaler Unternehmen seit 2000 geschäftsführender Gesellschafter eines Betriebes im Bereich der Medizintechnik. Verheirateter Familienvater, wohnhaft in der Nähe von Wien. Tögel schreibt seit 1999 für eine konservative österreichische Wochenzeitung, sowie für einige Internetplattformen wie „Eigentümlich Frei", Andreas Unterbergers „Tagebuch" und Christian Ortners „Zentralorgan des Neoliberalismus". Bücher: „Schluss mit Demokratie und Pöbelherrschaft" (2015), „Flüchtlingswelle und Völkerwanderung" (2016).

Dr. René Zeyer wurde 1955 in Berlin geboren. Er ist seit mehr als 30 Jahren journalistisch tätig, unter anderem als langjähriger Auslandskorrespondent der «Neuen Zürcher Zeitung» mit Wohnsitz in Havanna. Er ist als Publizist in Zürich tätig und Besitzer von ZEYER: Kommunikation für strategische Beratung. Unter anderen veröffentlichte er die Bücher «Bank, Banker, Bankrott», «Zaster und Desaster» und «Armut ist Diebstahl». Er äußert sich regelmäßig in Schweizer Medien zu wirtschaftspolitischen Fragen.

Frank&Frei

Impressum

Christian Günther, Werner Reichel (Hg.)
INFANTILISMUS
Der Nanny-Staat und seine Kinder

1. Auflage August 2016

Buchgestaltung & Satz: kapazunder.at | Hans Purker
ISBN: 978-3-9504081-6-4

Titelfoto: © th3fisa| fotolia.de
Gedruckt in Österreich